더블 딥 시나리오

긴급 수정경제전망
더블 딥 시나리오

지은이 | 김광석

1판 1쇄 인쇄 | 2020년 3월 07일
1판 1쇄 발행 | 2020년 3월 12일

펴낸곳 | (주)지식노마드
펴낸이 | 김중현
기획·편집 | 김중현
디자인 | 제이알컴
등록번호 | 제313-2007-000148호
등록일자 | 2007. 7. 10
(04032) 서울특별시 마포구 양화로 133, 1201호(서교동, 서교타워)
전화 | 02) 323-1410
팩스 | 02) 6499-1411
홈페이지 | knomad.co.kr
이메일 | knomad@knomad.co.kr

값 7,500원

ISBN 979-11-87481-76-8 03320

DOUBLE DIP

긴급 수정경제전망

더블 딥 시나리오

김광석 지음

nomad
지식노마드

프롤로그

"엄마, 죽으러 가?" 코로나19로 비상사태에 처한 대구로 의료 봉사를 가기 위해 집을 나서는 엄마(서명옥, 60세, 의사)에게 딸이 외쳤다. 대구시의사회장의 "단 한 푼의 대가, 한 마디의 칭찬도 바라지 말고 피와 땀과 눈물로 시민들을 구하자"는 호소문을 보고 그녀는 대구행을 결심했다. "언제 집에 갈지 몰라 아예 여행가방을 싸왔다"고 말했다.

예상치 못한 일이 2020년 경제에 나타났다. 그 누구도 생각하지 못했던 커다란 물음표가 2020년 경제에 등장한 것이다. 국가적 비상 상황이다. 세계보건기구WHO는 코로나19의 세계적 위험도를 '매우 높음'으로 올렸고, 많은 전문가들은 '팬데믹pandemic(세계적 대유행)'이 당연히 올 것으로 경고하고 있다. 이제 우리는 절대로 일어나지 않기를 바랐던 시나리오를 받아들여야 한다.

더블 딥double dip이 현실화 되었다. 더블 딥은 경기침체 후 회복기에 접어들다가 다시 침체에 빠지는 이중침체 현상을 말한다. 두 번이라는 뜻의 'double'과 급강하하다라는 뜻의 'dip'의 합성어다. 2019년에 우리는 지극히 어려운 경제 상황을 경험했고, 2019년 말부터 완만하게 회복되는 모습을 보이기 시작했다. 그러나 경제회복

4

의 기대도 잠시, 코로나19 사태가 확산되면서 2020년 2월 다시 경제가 급랭하기 시작했다.

2020년 경제전망도 수정이 불가피해졌다. 2019년에는 미중 무역분쟁이 세계 경제의 가장 큰 불확실성으로 군림했다. 미중 무역분쟁 뿐만 아니라 2019년 한해 세계 및 한국경제에 하방 압력으로 작용했던 요인들이 2020년 들어 완화되기 시작했었다. 『한 권으로 먼저 보는 2020년 경제전망』을 통해 2020년을 '대전환점'이라고 했던 이유다. IMF는 2020년 세계 경제성장률을 3.3%에서 3.2%로, 중국 경제성장률을 6.0%에서 5.6%로 각각 하향조정했다. 앞의 책에서 한국 경제성장률이 2019년 2.0%에서 2020년 2.2%로 회복될 것으로 전망했지만, 전망치를 수정해야 하는 상황에 직면했다. 2020년 한국경제는 어떻게 펼쳐질까? 본서가 전달하고자 하는 이야기다.

코로나19라는 블랙스완(절대 일어날 것 같지 않은 일이 일어나는 것)은 세계 경제의 불확실성을 최고조로 높이고 있다. 미중 무역전쟁은 어쩌면 경제적 위협에 불과하지만, 바이러스는 안전과 생명에도 영향을 미치는 만큼 공포감은 더욱 크다. 안전자산 선호현상이 이어지면서 금 가격은 2012년 이후 최고치로 치솟기도 했다. 2003년 사스 사태, 2015년 메르스 사태 때 코스피는 각각 약 16%, 약 14% 조정 받았다. 2020년 코로나19 사태는 얼마만큼 자본시장에 충격을 줄까?

본서는 크게 다섯 개의 장으로 구성되었다. 1장에서는 '더블 딥이 오는가?'라는 질문에 대해 답변하고자 한다. 코로나19 전후 경제 상황이 어떻게 변화했는지를 설명하고, 국내외 주요 기관들이 경제전망을 어떻게 수정하고 있는지를 제시한다.

2장에서는 글로벌 팬데믹 리뷰를 진행한다. 역사적으로 가장 가혹했던 14세기의 '페스트(흑사병)' 전개과정과 경제적 영향을 설명한다. 팬데믹으로 분류하지는 않지만, 코로나19 사태의 경제적 영향에 관한 시나리오를 설정하는 데 바탕이 되는 2003년 사스 사태와 2015년 메르스 사태를 되돌아본다.

3장에서는 중국의 경제적 위상 변화를 설명한다. 코로나19를 사스 사태 때와 많이 비교하고 있다. 그러나 중국은 GDP, 무역, 자본시장, GVC(글로벌 밸류체인) 등의 관점에서 사스 때와는 전혀 다른 수준으로 변화했다. 코로나19 사태의 발원지이자 국가 단위로는 가장 큰 충격을 받게 될 중국의 경제적 위상이 어떻게 변화했는지를 들여다 보는 것은 코로나19가 세계 경제 및 한국경제에 미칠 영향을 진단하는 데 매우 중요한 일이다.

4장은 본서의 핵심이다. 코로나19의 파급 영향 시나리오를 다룬다. 코로나19가 한국경제에 어떤 파급 영향을 주는지 그 시나리오를 제시한다. 한편, 정부 정책의 양대 축인 통화정책과 재정정책은 어떻게 진행되고 있는지를 기술한다. 특히, 정부가 발표한 「코로나19 파급 영향 최소화와 조기 극복을 위한 민생·경제 종합대책」의 주요 내용들을 설명한다. 나아가, 추가적인 기준금리 인하가 있을지, 추경은 어떻게 쓰일지를 상세히 다룬다.

마지막으로 5장에서는 2020년 수정경제전망을 제시한다. 경제를 전망하는 과정에는 세계 경제성장률, 국제유가, 환율 등의 전제가 있어야만 한다. 그러한 대외적 변수에 해당되는 주요 전제들의 변화를 설명하고, 2020년 한국경제는 어떻게 전개될지를 분석하고 전망한다. 끝으로, 수정된 경제전망 기조 하에 정부는 어떤 정책들을 마련해야 하고, 기업은 어떻게 전략적으로 대응해야 하며, 가계는 투자 등의 관점에서 어떻게 기민하게 대처해야 할지를 제안한다.

　　국민 안전보다 우선시 해야 할 대응 기준은 없다. 경제는 그 다음 사안이다. 한시라도 빨리 본 사태가 종료되기를 간절하게 바란다. 무엇보다 정부와 기업, 그리고 가계(국민)의 하나된 노력이 필요하다. 사태가 진정되면 많은 사람들이 묻게 될 것이다. "앞으로 경제가 어떻게 될까요?" 이 책은 필자의 대답이다.

경제 읽어주는 남자
김광석

차례

프롤로그   4

1장 더블 딥이 오는가?

코로나19 사태 전과 후의 변화   12

주요 기관들의 경제전망 수정   17

2장 팬데믹의 경제적 충격

14세기 페스트 되돌아보기   24

2003년 사스 사태 되돌아보기   29

2015년 메르스 사태 되돌아보기   36

3장 중국의 경제적 위상 변화와 코로나19 사태

거시경제 관점에서의 변화   42

글로벌 벨류체인 관점에서의 변화   48

4장 코로나19 사태의 파급 영향 시나리오

2020년 시대상이 된 코로나19   56

코로나19의 한국경제 파급 영향 시나리오   59

통화정책 : 기준금리는 추가 인하할까?   69

재정정책 : 추경은 어떻게 쓰일까?   74

5장 2020년 수정경제전망

2020년 수정경제전망의 주요 전제   82

2020년 한국경제 전망과 대응 전략   88

부록   1. 주요 투자은행의 세계경제 및 주요국 성장률 전망   100

        2. 주요 투자은행의 아시아 주요국 경제지표 전망   104

미주   111

1

더블 딥이 오는가?

코로나19 사태
전과 후의 변화

2020년 초 세계 경제는 회복세를 나타내기 시작했다. 국제통화기금IMF은 세계 경제성장률이 2019년 2.9%를 기록하고 2020년 3.3% 수준으로 반등할 것으로 전망했다.[1] 세계은행World Bank[2], 경제협력개발기구OECD[3] 등과 같은 주요 국제기구들도 같은 기조로 2020년 경제를 바라보았다. 2019년은 미중 무역분쟁이 격화하고, 한일 긴장이 고조되며, 기업들의 투자심리는 한없이 위축되면서 경기 저점이 형성되었던 시점이고, 2020년은 경기 저점에서 벗어나 완만한 회복세가 시작되는 해로 판단했다.

2018~2019년 동안 가장 커다란 불확실성 요인이었던 미중 무역분쟁이 2020년 들어 급격히 완화되기 시작했다. 2020년 1월 미국과 중국 간에 1차 무역협상을 타결한 것은 그러한 흐름을 보여

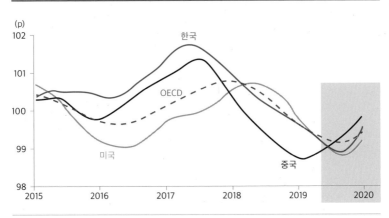

(p)

한국

OECD

미국

중국

자료 : OECD

주는 상징이었다. 2020년 11월 3일의 대선을 앞둔 트럼프 대통령은 중국을 압박하는 모습을 취하는 듯하면서 미국경제를 챙겨나갈 것이기 때문에, 2020년은 미중 무역갈등이 종전보다 격화하지 않는 흐름으로 전개되고 있다. IMF는 2020년 중국 경제성장률을 5.8%에서 6.0%로 상향조정 하기도 했다.[4] OECD 경기선행지수CLI, Composite Leading Indicator도 한국을 비롯한 주요국들이 모두 2019년 하반기 이후 회복세를 지속하고 있다. 미국을 비롯한 주요국들의 제조업PMI 지표들도 2020년 1월까지 시장 예상치를 상회하는 수준으로 회복세를 보이고 있었다.

그런데 세계 경제에 커다란 물음표가 던져졌다. 2월 들어 본격적으로 코로나19가 전 세계로 확산하면서 공포감이 커졌다. 2020년 3월 5일 현재 전 세계 확진자가 95,024명, 사망자가 3,281명에 이른다. 한국도 확진자와 사망자가 기하급수적으로 늘어나자 2020년 2월 23일 코로나19에 대한 대응 수준을 '경계' 단계에서 '심각' 단계로 격상했다. 한국 정부가 심각 단계를 발령한 것은 2009년 신종인플루엔자(신종플루) 사태 이후 11년 만이다.

IMF는 코로나19 바이러스가 '세계 경제의 새로운 리스크 요인이 될 수 있음'을 경고했다.[6] 한국은행과 KDI 또한 한국경제에 미치는 충격이 불가피할 것이라고 진단했다. 국내 주요 연구기관들은 코로나19 사태가 미칠 경제적 충격에 대해 평균적으로 0.1~0.2%p의 하방 압력으로 작용할 것으로 분석했다. 한국경제는 2019년 2.0%의 경제성장률을 기록한 이후, 2020년 2.2% 수준의 완만한 회복을 기대하는 시점에서 찬물이 끼얹어진 모습이다.

2020년에도 2019년의 어려운 경제에서 벗어나지 못하는 '더

국내·외 코로나바이러스감염증-19 발생 현황(2020.03.05. 9:00 기준)

자료: 보건복지부 코로나19 홈페이지

블 딥double dip'가능성이 고조되고 있다. 더블 딥은 두 번이라는 뜻의 'double'과 급강하하다라는 뜻의 'dip'의 합성어다. 경기침체 후회복기에 접어들다가 다시 침체에 빠지는 이중침체 현상을 말한다. 우리말로는 '이중 침체' 혹은 '이중 하락' 등으로 번역된다.

중국의 2월 전반기(1~16일) 자동차 판매는 코로나19의 영향으로 전년 동기 대비 92% 감소했다. 이는 역대 최대 감소폭이다.[7] 중국에서 공장이 재가동하더라도, 언제든지 확진자가 나오면 곧바로 공장 생산이 중단될 수 있다. 실제 중국 현지에서는 '푸궁난復工難(업무 복귀의 어려움)'이라는 신조어가 나올 정도로 공장 가동이 제대로 이루어지지 못하고 있다. 제조공장이 밀집한 장쑤성의 업무 재가동률은 49.7%에 그쳤다.

기업경기실사지수(BSI) 증감률 추이

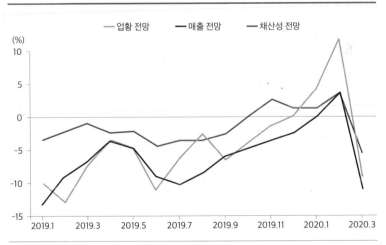

자료 : 한국은행

한국경제도 마찬가지다. 반등하는가 싶더니 코로나19 쇼크로 수출이 다시 주저앉기 시작했다. 기업들의 체감경기도 최악이다. 코로나19 영향이 채 반영되기도 전부터 회복세가 꺾이는 모습이다. 수출물량지수 증감률은 2019년에 줄곧 마이너스를 기록하다가 12월 들어 플러스로 전환되었는데 2020년 1월 들어 다시 마이너스를 기록했다. 기업경기실사지수 증감률 추이도 업황 전망, 매출 전망, 채산성 전망 모든 면에서 회복세를 보이다가 다시 곤두박질치는 모습이다.

수출절벽도 현실화하고 있다. 일평균 수출액 규모도 2019년 12월 14.7억달러에서 2020년 1월 13.9억달러, 2월 13.1억달러로 줄고 있다. 실제로 일선 수출현장에서 해외 바이어들과의 접촉이 끊겼고, 출장이나 계약 관련 미팅도 줄줄이 연기되고 있다. 기업들이 출장을 조심스러워하면서 협상의 마지막 단계에서 현장에서 진행되어야 하는 프로젝트들이 당분간 보류 상태에 놓이고도 있다. 더욱이 해외 주요국들에서 입국을 거부하거나 제한하면서 사태는 더욱 심각해지고 있다. 일부 해외 현지인들은 한국을 '코리아 코로나 KOREA CORONA'라고 지칭하기도 한다. 이러한 현상을 통해 수출뿐만 아니라 항공, 관광, 여행, 콘텐츠, 기술교류 전반에 걸쳐 영향을 미치고 있음을 유추할 수 있다.

주요 기관들의
경제전망 수정

　　미국 CNN은 "세계 경제는 이미 팬데믹 상황이다"라고 했다. 모건 스탠리는 "코로나 바이러스 위기가 여름까지 지속하면 충격은 2008년 세계 금융위기 때보다 클 것이다"라고 발표했다. 크리스탈리나 게오르기에바 IMF 총재는 "코로나19는 중국의 경제활동을 이미 방해했고 글로벌 경제 회복도 위험에 놓일 수 있다"고 밝혔다. 2020년 2월 23일 열린 G20 재무장관·중앙은행 총재 회의에서 세계 각국의 경제수장들은 코로나19 확산이 글로벌 경제 성장에 심각한 위험을 초래할 것이라는 데 인식을 같이했다.

　　주요 경제연구기관들은 잇달아 중국을 비롯한 주요국들의 2020년 경제성장률 전망치를 하향조정하고 있다. 스탠다드 차타드Standard Chartered는 중국 경제성장률이 1분기 2.8% 수준에 그치고 연간 5.5%를 기록할 것으로 전망했다. 기존 전망을 0.5%p 하향 조정한 셈이다. 또한 3월에 바이러스가 진압되기 시작하고 실물 경기가 개선되더라도 당분간 성장률이 큰 폭으로 반등할 가능성은 제한적이라고 평가했다. 블룸버그는 홍콩의 2020년 경제성장률 전망치를 -1.2% 수준으로 발표했다. 일본 미즈호종합연구소는 코로나19 사태가 3월에 정점을 찍고, 6월에 종식될 경우 2020년 일본 경제성장률은 0.3%에 그칠 것으로 전망했다. 유럽에서 가장 많은 확진자가 발생한 이탈리아도 패션·자동차 등 주력 산업이 직격탄을 맞으면서 2020년 경제성장률이 최고 1%p 하락할 것으로 분석했다.

경제적 영향력이 큰 G20 국가들만을 고려했을 때 코로나19가 가장 많이 확산된 중국, 일본, 이탈리아, 한국 4개국의 GDP(국내총생산) 순위는 2019년 기준으로 중국 세계 2위, 일본 3위, 이탈리아 8위, 한국 12위이다. 4개국의 GDP 합계는 22조 9,126억달러로 전 세계 GDP의 약 27%에 달한다. 4개국이 받을 경제 충격만 고려해

G20 국가 중 코로나19 감염 주요국의 경제 규모

확진자 순위	국가	확진자(사망자)	세계에서 차지하는 GDP 비중(순위)
1	중국	8만 409명(3,012명)	16.3% (2위)
2	한국	5,766명(35명)	1.9% (12위)
3	이탈리아	3,087명(107명)	2.3%(8위)
4	일본	1,023명(13명)	6.0%(3위)

자료 : 질병관리본부, WHO, IMF(2020년 3월 5일 기준)
주 : 일본의 경우 다이아몬드 프린세스 호 감염자 706명(사망 6명) 포함

주요 기관들의 한국 경제성장률 수정전망

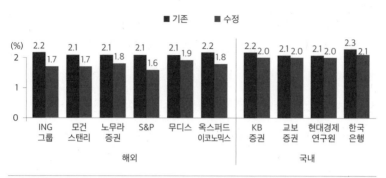

자료 : 각 기관

도 세계 경제성장률 전망치는 하향조정될 만하다.

세계적인 투자은행 JP모간JPMorgan은 "JP모간 보험팀의 역학모델에 따르면 한국의 코로나19 사태는 3월 20일이 정점이고, 최대 감염자 수는 1만 명에 달할 것"이라고 밝혔다.[8] 대구 시민 240만 명 중 3%가 바이러스에 노출됐고, 중국과 비슷한 양상으로 2차 감염이 일어난다고 가정한 분석 결과다. 한국 내 감염자 확산으로 경제성장률의 하방 리스크가 커졌다고 판단하고, 2020년 한국경제성장률 전망치(기존 2.2%)의 하향조정 가능성을 내비쳤다.

실제 국내외 기관들은 한국 경제성장률 전망치를 하향조정하고 있다. 글로벌 금융사들과 국제 신용평가사 및 연구기관들은 코로나19가 한국경제에 연간 경제성장률의 0.5~0.1%p 만큼의 충격을 줄 것으로 분석했다. 2020년 2월 27일 한국은행은 한국 경제성장률을 기존 2.3%에서 2.1%로 0.2%p 하향조정했다.[9] 각 기관들의 코로나19의 확산 정도와 사태의 지속 기간 등에 대한 가정이 다르긴 하지만, 공통적으로 경제에 상당한 하방 압력으로 작용할 것으로 판단하고 있다.

한국경제는 어려웠던 2019년을 뒤로하고, 2020년 들어 완만하게 회복하는 구간을 맞이하는 듯했으나, 다시 한 번 어려운 상황을 맞고 있다. 더블 딥이 현실화하고 있는 것이다. 코로나19가 가져올 경제적 영향과 시나리오를 진단하고, 대응책을 마련하는 것이 시급하다. 이제 2020년 한국경제 전망을 재검토하고 코로나19 사태의 경제적 충격을 반영하여 수정하는 것이 경제 주체들의 경영 혹은 투자 의사결정에 필수적인 요소가 되었다.

2

팬데믹의 경제적 충격

* 사스와 메르스 사태는 팬데믹으로 분류하지는 않지만, 코로나19 사태의 경제적 영향을 이해하는 데 의미가 있다고 판단하였음

14세기 페스트
되돌아보기

2015년 미국에서 '팬데믹'이라는 제목의 영화가 개봉하였다. 가까운 미래에 정체 불명의 바이러스가 지구를 덮치고, 감염자가 비감염자보다 많아지며, 인류는 통제력을 잃게 된다는 내용이다. 영화 속에 등장한 내용이 2020년 우리의 현실이 되지 않을까 걱정하는 마음이 모든 이들에게 가득하다.

팬데믹pandemic은 세계적으로 전염병이 대유행하는 상태를 의미하는 표현으로, 세계보건기구who의 전염병 경보 단계 중 최고 위험 등급에 해당한다. 그리스어로 'pan'은 '모두', 'demic'은 '사람'이라는 뜻이다. 즉 전염병이 세계적으로 전파되어 모든 사람이 감염됨을 뜻한다.

전염병 경보 단계 중 1단계는 동물 사이에 한정된 전염으로 사람에게는 안전한 상태, 2단계는 소수의 사람들에게 전염된 상태, 3단계는 많은 사람들에게 전염이 확대된 상태이다. 4단계는 사람들 사이의 전염이 급속히 퍼지기 시작하여 세계적 유행병이 발생할 수 있는 초기 상태, 5단계는 전염이 널리 퍼져 세계 동일 권역(대륙)의 최소 2개국에서 병이 유행하는 상태를 의미한다. 6단계는 다른 권역의 국가에서도 추가로 전염이 발생한 상태, 즉 세계적으로 확산된 상태이다.

본 장에서는 역사적으로 가장 악명 높았던 팬데믹의 사례인, 페스트(흑사병, 14세기)를 경제적 관점에서 먼저 살펴보고자 한다. 이어서 2000년대에 발생했던 감염증 사태인 사스 사태(2003년)와 메르스 사태(2015년)의 경제적 충격에 대해 조명해 보고자 한다.

14세기 1347~1351년 무렵 흑사병이 유럽을 휩쓸었다. 교황 클레멘트 6세는 흑사병으로 인해 약 2,400만 명이 사망한 것으로 추산했다. 불과 약 4년 사이에 유럽 인구의 3분의 1이 줄어든 것이다.[10] 1347년 이탈리아 피사에서 하루 5백 명, 오스트리아 빈에서 하루 6백 명, 프랑스 파리에서 하루 8백 명이 사망했다. 매장할 토지와 일손이 부족해 미처 매장하지 못한 시신들이 강과 거리에 넘쳐났다. 중국에서도 흑사병으로 3,300만 명이 사망했고, 아시아와 아프리카까지도 매우 심각한 피해를 입었다. 세계 인구는 흑사병 이전 약 4억 5천만 명 정도로 추산되는데, 14세기 이후 약 3억 5천만 명 정도로 감소했다. 17세기가 되어서야 세계 인구가 흑사병 이전 수준으로 회복되었다.[11]

흑사병은 종교, 사회, 문화, 경제 등 광범위한 영역에 걸쳐 세계사에 큰 변화를 일으켰다. 흑사병이 창궐하기 전까지 유럽은 로마 가톨릭 교회와 봉건귀족 사회가 장악하고 있었다. 지배계층들은 영토와 부를 장악했고, 그들이 사용하는 언어인 라틴어를 중심으로 지식까지 통제했다. 흑사병 이후 수많은 성직자들이 사망하면서 라틴어 사용자가 크게 감소했다. 이에 따라 영어와 프랑스어, 독일어 등 자국어 기록이 늘면서 민족주의가 싹트는 계기가 되었다. 종교적으로도 큰 변화가 일어났다. 당시 신자들이 성당에 가서 열심히 기도를 했지만 속수무책으로 흑사병이 전염되다 보니 교회의 권위가 흔들리고, 인간 중심의 인문주의가 싹트기 시작했다.

흑사병은 경제 구조에도 큰 변화를 일으켜서 유럽사회에서 자

중세 영국의 인구와 목공의 임금 추이

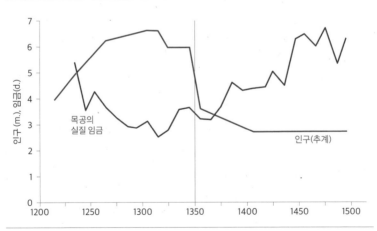

자료 : The Economist(2013.10)
주 : Clark, G. (n.d.) Microbes and markets: was the Black Death an economic revolution? Online.

흑사병으로 죽은 사람들

자료 : Genetic literacy project

본주의가 발전하는 길을 만들었다. 농민들의 근로조건이 개선되기 시작했다. 노동력이 급격히 부족해짐에 따라 봉건 영주들이 농민들의 처우를 개선하기 시작한 것이다. 살아남은 농민들의 소득 수준이 향상되고, 사회적 지위도 향상되었다. 역사적으로 르네상스 운동이 문화적 가치를 높여 주었다면, 흑사병은 살아남은 사람들의 경제적 여건을 개선해 주었다고 평가된다.

흑사병으로 사망한 사람이 너무 많아 유럽에서는 여러 친인척으로부터 유산을 다중 상속받아 재력을 가진 중산층과 신흥 상류층이 등장하기 시작했다. 더욱이 노동자의 권리가 커지면서 농노제도가 붕괴하거나, 상업주의가 팽배하는 등 유럽식 자본주의의 요소가 등장하기 시작한 것이다.

당시 영국 에드워드 3세는 농민들의 임금 인상 요구가 거세지자 이를 막기 위해 임금 인상을 제한하는 법을 만들었다. 노동자들의 최대 임금을 흑사병 발생 이전인 1346년 수준으로 동결하는 게 법의 목적이었다. 왕은 이 법으로 노동을 의무화하고, 다른 농장으로부터 농민을 스카우트하는 행위도 금지했다. 그러나 법은 아무런 효과가 없었다. 정책은 시장을 이기지 못했다. 노동력 부족 현상은 자연스럽게 임금 상승으로 연결되었고, 이러한 현상은 약 100년 동안 지속되었다.

점차 농노제도가 붕괴하고, 노동자와 농민의 삶의 질은 극적으로 개선되었다. 한편 인건비가 올라가자 기업들은 노동력을 절감하는 방향으로 움직이기 시작했다. 옥스퍼드 대학의 제임스 벨리치 James Belich는 흑사병이 노동력을 절감하기 위한 기술 혁신을 가져오는 계기를 만들었고, 이것이 생산성 향상을 이끌기도 했다고 주장했다. 예를 들어 많은 노동력을 활용해 기록물을 (인쇄에 의하지 않고 손으로 글을 써서) 생산하던 방식이 만연한 시기에 구텐베르크 Gutenberg는 활판 인쇄술movable-type printing을 개발해 노동력을 획기적으로 절감할 수 있게 해주었다. 신속하고도 효율적인 인쇄술은 정보의 확산 속도를 가속화했고, 이후 정보혁명의 주된 기술이 되었다고 평가받는다. 흑사병은 인류의 목숨을 앗아간 재앙이었지만, 다른 한편으로는 경제 구조를 바꾸어 놓는 원동력으로 작용하기도 했다.

2003년 사스 사태 되돌아보기

흑사병은 팬데믹이 어떻게 경제 구조까지 바꿔놓을 수 있는지 보여주는 대표적 사례이지만 매우 먼 과거의 일이고, 경제와 산업 구조에서 상당한 차이가 있는 시대의 일이다. 그래서 코로나19 사태와 직접적 연결고리를 찾기는 어렵다. 반면에 사스* 사태와 메르스 사태는 비교적 최근에 발생한 일이므로 당시의 상황과 경제적 영향을 되돌아보는 일은 2020년의 상황을 진단하기 위한 좋은 단서가 될 수 있다.

사스 사태는 2003년에 그 영향이 집중되었던 일로, 감염자 수가 8천여 명, 사망자 수는 774명에 달했다. 한국에서는 사스 감염

---

* 중증급성호흡기증후군(SARS: Severe Acute Respiratory Syndrome, 이하 사스)

사스 사태와 메르스 사태 주요 내용

질병	원인균	발생시기	종식시기	감염자 수	사망자 수
SARS	사스 코로나	2002.11	2003.7	8,096명	774명
MERS(국내)	메르스 코로나	2015.5	2015.12	186명	38명

자료 : 질병관리본부

자가 발생하지 않았기 때문에, 중국경제 침체가 한국경제에 주는 영향을 이해하는 데 도움이 된다. 한편 2015년 발생한 메르스 사태는 한국에서도 186명의 감염자와 38명의 사망자를 발생시킨 일이므로 한국경제 자체에 미친 경제적 영향을 진단하는 데 도움이 된다.

중국에서는 2002년 11월부터 2003년 7월까지 총 5,327명이 사스에 감염되었고, 348명의 사망자가 발생했다.[12] 최초의 사스 발원지는 광둥성으로 이 지역과 가까운 홍콩의 경우 총 1,755명의 감염자가 발생했다. 중화권(중국·홍콩·마카오·대만)에서 발병한 감염자가 총 7,754명에 달했고, 사망자는 총 730명으로 기록되었다. 치사율이 9.41%에 달하는 무서운 바이러스였다.

2003년은 교통수단의 발달이 가속화되고, 경제적으로 풍요로워지면서 해외 관광객이 빠르게 증가하던 시점이었다. 뿐만 아니라 세계 각국은 정치, 경제, 사회, 문화, 기술 교류 등 다양한 분야에 걸쳐 서로 많은 영향을 주고받는 세계화globalization가 급속히 진전되는 상황이었다. 전염병의 파급력이 과거에 비해 더욱 큰 위험이 되는 이유는 교통의 발달과 교류의 확대로 세계가 같은 생활권 내에 들어갔기 때문이다. 중화권의 바이러스는 주변국인 싱가포르,

사스 기간 중 중국 실물지표 추이

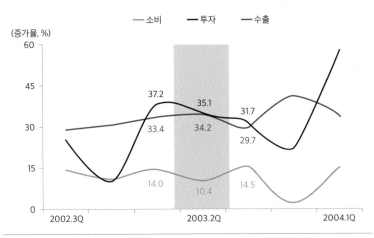

자료 : 國家統計局(국가통계국).

필리핀으로 전이되었고, 캐나다에서도 250명의 감염자가 발생했다. 전염병의 전파 속도가 빨라지고 범위가 매우 넓어진 반면, 보건 및 방역 차원의 대응능력은 매우 부족했다.

중국경제는 상당한 영향을 받았는데 주로 2003년 2분기에 집중되었다. 2003년 1분기 11.1%의 성장률을 기록했던 중국경제는 2분기 들어 전년 동기 대비 9.1%로 하락했다. 부문별로 보면, 특히 투자·소비와 같은 내수에 직접적인 충격이 있었던 것으로 나타난다. 투자는 2003년 1분기 37.2%에서 2분기 35.1%로 둔화되었고, 소비도 같은 기간 14.0%에서 10.4%로 하락했다. 내수 중심으로 크게 위축되었던 것이다.

당시 중국 내 여성들의 화장품 구매가 급격히 줄어드는 현상이 나타났다. 생산 활동의 위축이 고용과 소득에 부정적 영향을 미쳤고, 이는 상대적으로 사치재 성격의 소비를 더 크게 위축시킨 결과이다. 물론 외출 자체를 자제하면서 화장품 사용이 주는 효과가 작아진 것도 작용했을 것이다. 홍콩의 경우, 사람들이 집 밖에 나오려고 하지 않았을 뿐 아니라 나오더라도 마스크를 착용하기 때문에 립스틱과 같은 제품은 매출이 30%가량 떨어지기도 했다. 당시 이를 극복하기 위해 화장품 회사 로레알은 마스크에 얼룩이 묻지 않는 립스틱이나 눈을 강조하는 화장품을 개발했다고 한다.

중국경제가 흔들리면서 한국에도 상당한 영향을 미쳤다. 한국의 2003년 2분기, 특히 5월의 수출증가율이 일시적으로 크게 위축되었던 것을 확인할 수 있다. 수출 위축이 모두 사스 사태로 인한 것이라고 가정할 경우(물론 당시 수출이 일시적으로 위축된 원인을 모두 사스 사태 때문으로 한정할 수는 없다. 과한 가정이지만, 대안이 없기 때문에 이렇게 가정), 2003년 2분기 한국 경제성장률을 1%p(연간 성장률 0.25%p) 내외 하락시킨 것으로 추정된다.* 사스 사태가 중국 및 아시아 권역 경제에 큰 하방 압력으로 작용하면서, 한국의 수출에 직접적인 영향을 미친 것으로 보인다.

제품 상담이나 계약 및 수출이 취소되면서 입게 된 경제적 피해가 상당했다. 당시 대한상의에서 조사한 업체의 30%가 사스 피해를 입었다고 한다. 특히 막 중국에 진출한 몇몇 기업들은 투자

---

* KDI, 『2003년 연차보고서』, p. 86.

를 진행하고는 공장을 제대로 가동해 보지도 못하고 문을 닫아야
했다.

2003년 한국의 월별 무역

(단위: 백만 달러, %)

월	수출		수입		수지
	금액	증가율	금액	증가율	
1월	14,320	25.8	14,495	28.0	-175
2월	13,337	21.0	13,858	32.3	-521
3월	15,379	16.1	15,870	32.4	-491
4월	15,721	19.2	14,759	17.5	962
5월	14,676	3.5	13,524	6.5	1,152
6월	15,656	21.4	13,428	12.5	2,228
7월	15,432	15.2	14,898	14.3	534
8월	15,375	10.1	13,541	5.3	1,834
9월	17,021	22.4	14,531	11.9	2,490
10월	18,930	25.5	16,537	19.7	2,393
11월	18,242	20.0	15,761	12.6	2,481
12월	19,729	31.3	17,624	22.0	2,105

자료 : 한국무역협회

사스 전후 한국의 대중국 김치무역

(단위: 천 달러, %)

연도	수출		수입		수지
	금액	증가율	금액	증가율	
2001	30.2	-87.5	195.4	10.4	-165.2
2002	41.9	38.6	467.7	139.3	-425.7
2003	187.8	348.1	10,288	2,099	-10,099
2004	63.1	-66.4	29,472	186.5	-29,409
2005	50.2	-20.5	51,312	74.1	-51,262
2006	26.8	-46.5	87,936	71.4	-87,909

자료 : 한국무역협회
주 : 김치 수출입 통계는(HS 205901000, 냉동 제외) 기준임.

사스 사태로 인해 반사이익을 본 산업도 있다. 당시 한국에는 3명의 의심환자가 발생해 WHO에 보고하였으나, 검사에서 모두 음성으로 판정됨에 따라 결과적으로 한국에서 사스 확진자는 없었다. 2003년 사스 사태 당시 WHO는 한국을 '사스 예방 모범국'이라 평가했다. 그래서 안전지대라 여겨진 제주도는 당시 관광 특수를 맞기도 했다. 전 세계적으로 사스 공포가 극심했을 때, 한국에서는 발병자가 없었던 것을 놓고, 한국 김치에 면역효과가 있다는 소문이 확산되면서 중국 등지에서 김치의 매출이 크게 늘어난 일도 있다. 한국은 전통적으로 중국과의 교역에서 김치가 적자품목이었으나, 2002년과 2003년에는 대중국 김치 수출이 급증한 바 있다.

그러나 전체로는 관광객이 급감하며 충격을 주었다. 한국과 중국 양국 간 관광객 수는 1999년부터 지속적으로 증가했으나, 사스 사태로 인해 2003년에 감소한 바 있다.* 중국을 방문한 한국인 관광객 수는 2002년 약 212만 명에 달했으나, 2003년 약 194만 명으로 감소했다. 한국을 방문한 중국인 관광객 수도 2002년 약 54만 명에서 2003년에 약 51만 명으로 감소했다.

항공산업은 여행객 감소의 직접적인 타격을 피해 갈 수 없었다. 중국 서안이나 곤명 같은 노선은 운항이 중단되기도 했다. 관광산업도 마찬가지다. 서울 특급호텔 예약률은 50% 수준으로 떨어

---

* 방한 중국인 관광객 수는 한국관광공사, 방중 한국인 관광객 수는 中国旅游年鉴의 통계임.

한·중 상호 관광객 수 연간 추이(1999~2006년)

자료: 한국관광공사, 中国旅游年鉴

졌고 사스 중심지인 싱가포르나 홍콩에서는 외국인 관광객이 절반
이상 줄었다. 다양한 포럼 및 세미나 행사가 연기·취소되거나, 중국
기업들을 주요 대상으로 했던 전시 및 홍보 행사들도 상당한 지장
이 있었다.

사스 사태는 생각지 못했던 전염병의 출현이 얼마나 큰 경제적
충격을 가져올지를 보여주는 사례가 되었다. 사스로 인한 전 세계
피해액은 300억달러에 이를 것으로 추정되었으며, 동아시아와 보
완적 무역관계에 있는 지역들을 중심으로 그 여파가 확산 되었다
(서울경제연구센터, 2006). 특히 일시적으로 불확실성이 고조됨에 따
라 외국기업들의 중국 등에 대한 해외직접투자FDI가 일시적으로 위
축되었고, 외국기업들의 철수가 일어나거나 신규투자가 감소하는
현상이 뒤따르기도 했다.

2015년 메르스 사태
되돌아보기

2012년 4월 사우디아라비아 등 중동 지역을 중심으로 발생한 메르스*는 2015년 5월 감염자가 발생하기 시작했다. 38명의 사망자가 발생했을 만큼 메르스에 대한 공포가 확산되었다. 메르스는 치사율이 20~46%에 달했기 때문에 공포감이 매우 커졌다. 출산을 앞둔 산모들이나, 아이를 둔 부모들은 '초긴장' 상태였다.

메르스 사태 여파로 여행·관광 및 소매 판매가 급격히 감소했고, 감염과 격리로 인해 노동 공급에도 차질이 발생했다. 유치원과 초·중·고등학교가 전국에 걸쳐 휴교에 들어가고, 기업들의 임직원 대상의 교육도 취소·연기된 바 있다. 중요한 해외 바이어와의 미

---

* 중동호흡기증후군(MERS, Middle East Respiratory Syndrome)

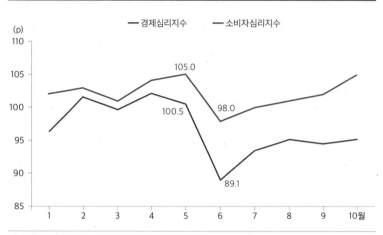

자료: 한국은행

팅에 차질이 빚어지는 일도 빈번했다. 기업들은 직원들이 감염되지 않도록 교육을 강화하고, 손세정제 비치 장소도 늘렸다. 삼성전자의 경우 외교부가 지정한 여행 금지나 철수 권고 지역으로의 임직원 출장을 제한하기도 했다.

2015년 당시 경제 주체들의 경제활동 성향은 바닥으로 떨어졌다. 경제심리지수는 5월 100.5p에서 6월 89.1p로 급격히 하락했고, 소비자심리지수도 105.0p에서 98.0p로 떨어졌다. 전 산업에 걸쳐 생산, 투자, 소비, 고용 등의 활동이 위축되었다. 국내 여행은 물론 외국 관광객이 급감하면서 항공, 여행·관광, 숙박업, 소매업 등이 큰 타격을 받았다. 지역사회로의 전염 가능성 때문에, 지역 행사 및 축제, 국제회의 등이 취소되면서 지역 경제도 타격을 받았다.

특히 소비자들이 다중밀집지역에서의 노출을 꺼리면서 백화점

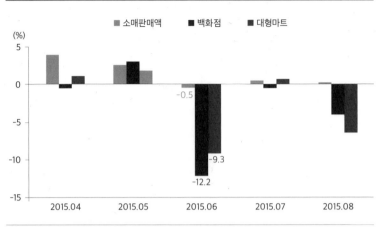

자료 : 통계청
주 : 소매판매액지수 증감률을 계산함

과 대형마트의 매출이 급감했다. 2015년 6월 소매판매액지수 증감률이 마이너스(-0.5%)로 돌아섰다. 특히, 백화점은 -12.2%, 대형마트는 -9.3%로 메르스 충격을 고스란히 받았다. 유통업계뿐 아니라 영화, 레저, 외식업종이 줄줄이 타격을 입었다.[13] 이마트 마케팅연구소 관계자에 따르면 메르스가 한창 기승을 부리던 6월 말, 이마트 매출은 전국 평균 20%, 수원·평택 등 메르스 위험 지역 내에서는 50% 이상 줄었다고 한다.

한국관광공사에 따르면 메르스 발생 후 방한을 취소한 관광객은 13만 명 이상이었다. 여행사에는 여행 일정 변경 및 환불 절차를 문의하는 전화가 폭주했다. 공항은 가장 기피하는 장소가 되기도 했다. 공항이나 항공사에는 '지금 공항에 가도 감염 걱정은 없는지', '마스크를 착용하면 괜찮은지' 등을 묻는 질문이 끊이지 않았다. 2014년 6월 103만 명에 달했던 관광객 수도 2015년 6월 64만 명으로 거의 반토막 났다. 서울시의 경우 당시 한류 확산의 영향으로 명동거리가 외국인 관광객으로 빼곡했다가 갑자기 한산해지고, 화장품 매출도 크게 줄었다. 중국·홍콩·대만 등의 중화권 관광객은 이미 사스 사태를 경험한 바 있어, 한국의 메르스 사태에 매우 민감했다. 한·일 관광업계의 큰손 역할을 했던 중화권 관광객이 크게 줄면서 면세점 매출도 6월 −21.7%, 7월 −28.6%, 8월 −15.9%로 급감했다.

한편 몇몇 업종에서는 '소동'이 일기도 했다. 전국 편의점에서 마스크와 손소독제 물량은 동이 났고, 온라인에서도 마스크 품귀 현상이 나타났다. 온라인 오픈마켓 '옥션'에서는 2014년의 같은 기간에 비해 손세정제는 65%, 마스크는 145% 더 많이 팔렸다. 'G마켓'에서도 손세정제 제품 판매가 같은 기간 40%가량 늘었다. 주식 시장에서는 '백신주'가 상한가를 기록하기도 했고(진원생명과학, 제일바이오, 이글벳, 서린바이오 등), 마스크 생산업체나 손세정제 생산업체의 주가도 크게 올랐다.

3

중국의 경제적 위상 변화와 코로나19 사태

거시경제 관점에서의 변화

    2003년 사스 사태와 비교하면, 중국경제의 위상은 상당한 수준으로 달라졌다. 세계 GDP에서 중국이 차지하는 비중은 2003년까지만 해도 4.3% 수준이었으나, 2019년에는 16.9%로 커졌다. 여행 지출에서 중국이 차지하는 비중은 같은 기간 2.7%에서 17.8%로 상승했다. 세계 무역시장이나 주식·채권과 같은 금융시장에서 중국이 차지하는 지위도 엄청나게 높아졌다. 세계 경제가 중국에 의존하는 만큼, 중국경제의 충격은 세계 각국에 더 크게 전이될 것이다. 특히 한국은 중국에 대한 경제적 의존도가 극단적으로 높아졌기 때문에 시급히 코로나19가 가져올 경제적 영향을 진단하고, 대응책을 마련해야 한다.

    중국은 2010년대 세계 수출국 순위에서 1위로 도약한 후 지금

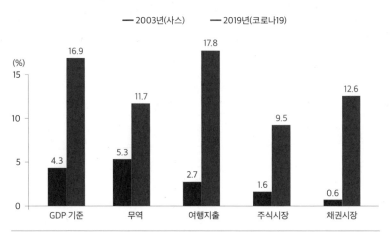

자료 : IMF, World Bank, BIS, 중국국가통계국, 국제금융센터

까지 1위 자리를 내주지 않고 있다. 과거 중국은 노동집약적 산업에서 세계 수출시장을 장악해 왔지만, 최근에는 기술집약적 산업을 중심으로 수출 품목을 크게 확대하고 있다. 2019년 중국의 주요 수출 품목 중 1위는 휴대폰 및 부품으로 전체 수출의 7.1%나 차지한다. 2위 품목은 컴퓨터 및 주변기기이고, 그 밖에도 집적회로, 자동차부품 등과 같은 첨단기술 제품의 수출이 크게 확대되면서 중국의 지위가 높아지고 있다. 첨단무기, 반도체, LCD, 철강 등에 이르기까지 중국의 수출 품목과 대상국은 지속적으로 확장되고 있다.

미국과 중국의 대결 구도로 보았을 때도 다양한 영역에서 중국이 미국을 앞서는 모습이 나타나고 있다. 대표적인 예가 스마트

폰이다. 현재 기준으로도 중요하지만, 미래 산업에서도 스마트폰 산업은 매우 중요하다. 애플은 삼성전자에 세계 시장점유율 1위 자리를 내주었는데, 2019년 들어서는 화웨이에게도 밀리기 시작했다. 상징적인 산업에서 중국이 미국을 앞지르기 시작한 것이다. 이러한 미국과 중국의 기술패권전쟁은 2018~2019년 동안 미중 무역분쟁의 배경이 되기도 했다. 2020년에는 미중 두 나라가 무역협상의 원만한 타결을 위해 움직이고 있는 만큼(물론 미중 무역협상의 1차 타결이 일시적이라고 판단하고 있지만) 중국의 세계시장 장악력은 더욱 높아질 것으로 판단된다.

그 밖의 여러 영역에서도 이런 모습이 빈번히 나타나고 있다. 특히 지식재산권의 흐름이 매우 중요하다. 특허출원 건수 추이를 보면 중국이 미국을 완전히 압도하기 시작했다. 2000년대 초반만

세계 상위 10 수출국 순위[15]

	1990	2000	2010	2019
1	독일	미국	중국	중국
2	미국	독일	미국	미국
3	일본	일본	독일	독일
4	프랑스	프랑스	일본	네덜란드
5	영국	영국	네덜란드	일본
6	이탈리아	캐나다	프랑스	프랑스
7	네덜란드	중국	한국	한국
8	캐나다	이탈리아	이탈리아	이탈리아
9	벨기에	네덜란드	영국	홍콩
10	USSR	홍콩	벨기에	영국

자료 : WTO Statistical Program
주 : 1990년 중국은 15위, 2019년은 10월까지의 누적값을 기준으로 함

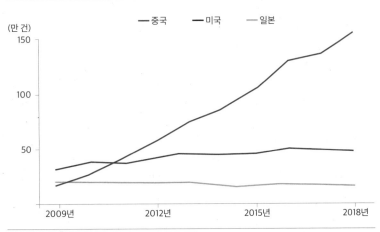

자료 : 세계지식재산권기구(WIPO)

해도 연간 특허출원 건수에서 미국이 압도적이었는데 이제 중국의 특허출원 건수가 미국의 특허출원 건수를 두 배 이상 넘어섰다. 세계적으로 미래 산업을 중국이 선도하게 될 시점이 얼마 남지 않았다는 뜻이다.

세계지적재산권기구WIPO가 발표하는 특허순위에 따르면 2015년까지 인공지능 분야의 특허출원 건수에서 미국이 독보적인 1위였다. 그런데 2016년부터 중국이 역전하기 시작했다. AI 특허 상위 50개 기업을 살펴보면, 50개 중에서 중국이 19개를 차지하고 있고, 미국은 12개다. 중국이 전체적인 규모에서 미국을 압도하고 있고, 미국은 IBM(1위), 마이크로소프트(2위), 구글(3위)과 같은 소수의 주요 기업들에게 집중되어 있는 모습이다. 결국 AI 분야 저변의 광범위한 영역에서 중국이 앞서 나가고 있는 셈이다.

중국의 AI 분야 특허는 특히 컴퓨터 비전 분야, 즉 화상 얼굴 인식 기술에 집중되어 있다. 중국은 인구를 포함해 활용가능한 빅데이터 소스source가 많기 때문에, 이 분야의 특허가 집중되고 있는 것이다. 화상 얼굴 인식 분야의 특허는 중국이 세계 전체의 60~70%를 차지하고 있다. 화상 얼굴 인식 기술은 딥러닝 기술에서 중요한 분야이기 때문에 향후 딥러닝 분야가 발전할수록 중국이 전 세계 산업을 선도하고, 세계 각국으로부터 받는 특허 기술료 수입이 확대될 것으로 보인다. 예를 들어 바이두Baidu는 화상 얼굴 인식 기술을 중국 농업은행Agricultural Bank of China의 ATM에 적용한

미국과 중국의 빅테크(Big Tech)기업들의 시가총액[16]

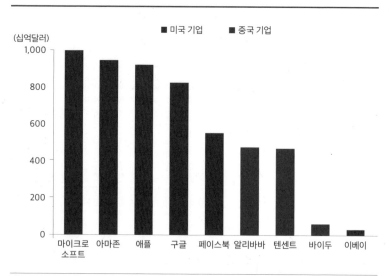

자료 : FSB(Financial Stability Board), "BigTech in finance : Market developments and potential financial stability implications,"2019.

상품을 보급했고, 무인은행으로의 진화를 선도하려는 시도를 하고 있다.

세계 주요 IT기업을 보아도 중국의 추격이 분명하게 나타난다. 구글, 마이크로소프트, 알파벳과 같은 IT 기업의 시가총액을 보자. 소위 빅 테크Big Tech 기업 순위에서 1위~5위까지 미국기업들이고, 그 다음 순위가 알리바바, 텐센트, 바이두와 같은 중국기업들이다. 중국 IT 기업들이 첨단산업에서도 높은 기술력을 바탕으로 세계 시장을 점유해 나가며 미국을 바짝 뒤쫓고 있는 모습이다.

글로벌 벨류체인 관점에서의 변화

    중국은 '세계의 공장'이라는 수식어에 걸맞게, 글로벌 공급망에서 막대한 영향력을 행사하고 있다. 그 규모에서도 2003년 사스 사태 당시와는 비교도 할 수 없을 만큼 커졌다. 현재 중국에서 생산하는 중간재 공급에 차질이 생김에 따라 이를 최종재 생산에 사용하는 국가 경제도 영향을 받고 있다.

    GVC~Global Value Chain~* 내에서 중국의 위상이 크게 높아졌기 때문에, 세계 각국의 제조업에 미치는 직간접적인 영향이 크게 확대된 것이다. 세계화가 진전되면서, 기업들은 경영활동의 일부를 전

---

* GVC(Global Value Chain, 글로벌 벨류체인) : 맥킨지 컨설팅(McKinsey Consulting)에서 최초로 제시한 개념으로, 원자재→부품→제조→유통→소매→소비에 걸쳐 부가가치가 창출되는 기업의 활동을 가치사슬로 정의한다. 글로벌 가치사슬은 이러한 과정 중의 일부(예, 제조)를 다른 나라에 의존하는 글로벌 분업구조를 뜻한다.

세계로 전개해 나가고 있다. 기업들은 노동력과 같은 생산요소, 자원, 지리적 위치, 그 밖의 경영 여건 등을 고려해 벨류체인의 일부를 가장 효율적인 나라에 의존하게 된 것이다. 그 결과로 어떤 기업도 독자적으로 상품과 서비스를 생산해 낼 수 없게 되었다. 2000년대 중국은 풍부한 노동력과 낮은 인건비, 적극적인 시장 개방, 시장 매력도 등으로 수많은 다국적 기업들의 제조기지로서의 역할을 수행하게 되었다. 2000년 세계 GVC 상에서 중국의 위치는 미미했으나, 2017년 중국은 아시아의 중심이자 유럽과 미주를 잇는 세계의 중심으로 부상한 것이다.

중국의 제조 참여가 높아지다 보니, 전방산업과 후방산업에 주는 중국의 영향력이 상당하다. 2003년 사스 사태 당시 중국 수출의 참여는 전방 산업 1,089억 달러, 후방산업 1,836억 달러에 달했지만, 2019년 들어 전방과 후방 산업에 걸쳐 각각 3,857억 달러, 3,803억 달러로 증가했다. 중국 수출의 전/후방 참여 규모가 2003년 대비 두 배 이상 늘어났기 때문에, 중국 공장이 멈추면 세계 여러 제조업의 생산 차질은 불 보듯 뻔하다. 중국에 생산기지를 두고 있는 나라들에게는 더 큰 충격이 될 것이고, 부품 등에 대한 중국 의존도가 높은 기업들에게도 직격탄이 될 것이다.

대표적인 예가 '애플의 코로나 쇼크'다. 애플은 2020년 2월 17일(현지시간) 1분기 실적 전망 보고를 통해 "코로나19로 매출 전망치를 달성하기 어려울 것"이라고 밝혔다. 애플의 GVC에는 45개국 1,049개 기업이 참여하고 있다.[18] 애플은 세계에 판매되는 아이

폰의 90% 이상을 중국 내 조립공장에서 만들고 있다. 공장이 모두 후베이성 밖에 있고, 모든 시설이 다시 가동을 시작했음에도 불구하고, 예상보다 정상화 속도가 느리다는 판단이었다. 특히 아이폰

2000년과 2017년 세계 GVC 구조 변화[17]

2000년

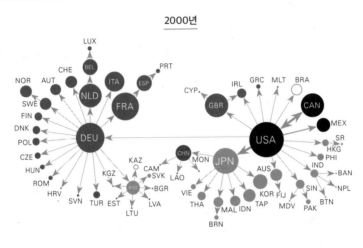

2017년

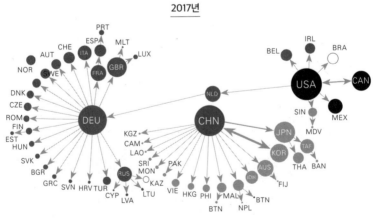

자료 : WTO(2019), Global Value Chain Development Report 2019.
주 : Simple GVC를 기준으로 함.

생산의 주축인 폭스콘은 직원들을 복귀시키기 위해 3,000위안(약 50만원)의 인센티브를 제시했음에도 아직 정상화되지 않고 있다.

중국경제의 세계적 위상도 높아졌지만, 한국경제에서 차지하는 중국의 중요도는 더욱 커졌다. 특히 한국 수출은 중국에 더욱 의존하게 되었다. 2000년까지만 해도 중국은 한국 수출의 약 10.7%를 차지하는 3위 수출 대상국이었지만, 2019년에는 25.1%를 차지하는 1위 수출 대상국이 되었다. 중국경제가 위태로워지면, 한국경제는 다른 나라들보다 더 치명적인 타격을 받을 수 있다.

더욱 중요한 사실은 한국은 '중간재를 수출하는 나라'라는 점이다. 한국의 2019년 전체 수출액에서 중간재가 차지하는 비중은

중국 수출의 전/후방 참여 규모

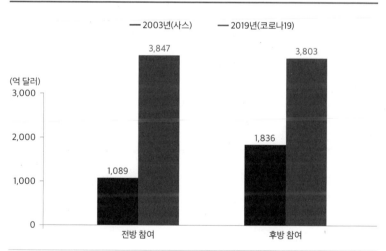

자료 : 국제금융센터
주 : 전방 참여(공급 역할)는 중간재 수출, 후방 참여(수요 측면)는 중간재 수입을 통한 최종재 생산을 의미

70.7%로, 소비재(12.3%)나 자본재(16.3%)를 압도한다. 중국으로의 수출은 더욱 그러하다. 한국의 중간재 수출은 79.4%에 달하기 때문에, 한국의 GVC에 있어서 중국에 대한 의존도가 거의 절대적인 수준이라고 볼 수 있다.

4

코로나19사태의
파급 영향 시나리오

2020년 시대상이 된
코로나19

　　다급한 전화가 걸려왔다. "2월에 계획된 포럼이 무산되면서, 강연 요청을 취소해야 할 것 같습니다." 이러한 전화는 단순한 강연 섭외 취소 이상의 경제적 영향을 상징한다. 수많은 사람들이 항공, 호텔 행사, 숙박 및 음식 서비스 이용을 취소하고, 관계된 행사의 후원, 광고, 에이전시 등의 업무도 취소되고 있다. 주요 고객들의 공항 픽업 서비스를 제공하는 대행업체의 매출과 기사들이 식사하는 음식점의 매출이 줄고, 그래서 이들이 아이들에게 주는 용돈까지도 직접적인 영향을 받을 것이다. 코로나19가 가져온 나비효과가 이렇게 퍼져 나가고 있다.

　　난생 처음 보는 수많은 일들이 실제 벌어졌다. BTS(방탄소년단)의 컴백 기자간담회는 당초 내외신을 초청해 서울 강남구 코엑스에서 개최될 예정이었으나 유튜브 생중계로 대체됐다. 사전에 취재진이 이메일로 질문을 보내고, BTS가 답하는 방식으로 '비대면' 생중계 회견이 진행된 것이다. 인기 TV 예능프로그램인 '미스터트롯'은 결승 녹화를 계획했으나 당일 취소하기로 결정했다. 많은 영화가 개봉할 예정이었고, 영국 팝가수 미카의 내한공연도 3월에 계획되었으나 모두 잠정 연기되었다. 프로축구도 개막을 무기한 연기하기로 결정했고, 프로농구와 프로배구는 무관중 경기를 진행하기로 했다.

　그 밖에도 잠깐이지만 국회가 폐쇄되는 헌정 사상 초유의 일도 발생했다. 여당에서는 총선을 앞두고 '대면 정치활동 자제 선언'

코로나19 사태로 교류와 소통이 단절되고 있다

출처 : VERDICT

을 하기도 했다. 서울시와 경기도는 신천지 집회 금지 및 시설 강제폐쇄와 같은 긴급행정명령을 시행하기도 했다. 수많은 지자체들은 연이어 공공 문화·체육시설을 무기한 휴관하기로 했다. 공인회계사 1차 시험이 치러진 전국의 시험장에서는 마스크를 착용한 1만 874명의 응시생들이 필수적으로 체온 검사를 진행하기도 했다.

한국의 코로나19 사태가 심각해짐에 따라 100여개 국가가 한국인의 입국을 금지하거나 제한하는 일이 벌어졌다. 중국 유학생들의 입국 문제를 놓고 사회적으로 상당한 갈등이 빚어지기도 했다. 시진핑 주석은 '최대의 보건 사태'로 규정했고, 중국의 언론들은 한국의 대응이 늦다고 지적하기도 했다. 중국에서 최대 정치행사인 '양회'가 역사상 처음으로 연기된 일에 비하면 앞에 기술한 일들은 사실 대단한 일도 아니다.

코로나19는 하나의 시대상이 되었다.

코로나19의
한국경제 파급 영향 시나리오

코로나19가 실물경제에 미칠 파급 영향을 진단하기 위해서는 크게 세 가지 경로를 구상할 수 있다. (1) 중국경제 충격이 한국경제에 주는 영향, (2) 중국경제 충격이 세계경제에 영향을 주고 이어 한국경제에 미치는 영향, (3) 한국경제 자체적 충격이 있다. 상대적으로 2003년 사스 사태는 (1), (2)번의 시나리오로 한국경제에 영향을 주었다면, 2015년 메르스 사태는 (3)번의 시나리오로 영향을 주었다. 결국 코로나19의 시나리오는 사스 사태와 메르스 사태의 영향을 더한 모습으로 전개될 가능성이 크다. 더욱이 중국의 경제적 위상이 2003년 사스 사태 당시와는 현저히 달라졌기 때문에 그 충격의 정도는 더 클 수 있다.

첫째, 글로벌 공급망GVC, Global Value Chain의 차질을 피해가기 어렵

중국의 국가별 중간재 수출액 및 비중(2017년)

(단위: 백만 달러, %)

순위	국가	수출	비중
1	미국	124,756.0	10.7
2	한국	75,187.5	6.5
3	일본	63,467.7	5.5
4	독일	37,878.0	3.3
5	대만	30,915.3	2.7
6	베트남	30,163.6	2.6
7	인도	24,481.0	2.1
8	캐나다	24,038.0	2.1
9	멕시코	23,577.5	2.0
10	싱가포르	22,517.8	1.9
11	호주	22,272.6	1.9
12	네덜란드	22,030.6	1.9
13	프랑스	20,727.2	1.8
14	인도네시아	20,518.9	1.8
15	홍콩	20,459.0	1.8
16	영국	19,943.8	1.7
17	브라질	15,876.4	1.4
18	태국	13,781.5	1.2
19	말레이시아	13,373.6	1.1
20	이탈리아	12,544.7	1.1
	RoW	414022.0	35.6
총계	-	1,163,650.3	100.0

자료 : 대외경제정책연구원, ADB-MRIO(2017)
주 : 1) 국제산업연관표 분석은 최종재와 중간재로 분류할 수 있으며, 중간재는 수출 상품 중 수입국에서 최종 소비되지 않은 상품 전체를 의미한다. 하지만, 국제적 기준에 따른 가공단계별 상품은 1차 신품, 중간재, 최종재(자본재, 소비재)로 분류되며, 중간재는 반제품 혹은 부품 및 부분품형태를 가진 상품으로 정의된다.
2) RoW(Rest of World)는 ADB-MRIO 62개 국가에서 포함되지 않는 나머지 국가 전체를 의미함.

다. 한국은 중국산 중간재 수입에서 2위의 교역국이다. 중국의 중 간재 수출액 중 약 6.5%를 차지하는데, 상대적으로 부가가치가 낮 은 부품을 중심으로 국내 기업들이 공장을 중국에 두고 있는 구조다. 중국 내 코로나19의 전이가 심각한 지역들을 중심으로 공장 가동이 멈춤에 따라, 한국의 완제품 생산에도 차질이 생기게 된다.

국내 자동차 기업들뿐만 아니라 주요 기업들이 적시생산방식 JIT, Just in Time*을 취하고 있다. 적시생산방식은 입하 재료를 재고로 두지 않고 완성차 조립에 따라 부품을 공급하는 시스템으로, 재고를 '0'으로 하여 재고비용을 최소화하는 물류관리기법이다. 그러나 이 방식은 부품 조달에 차질이 생기면 생산라인 전체가 서버리는 문제점을 갖고 있다. 대표적으로 현대·기아차가 적시생산방식을 취하고 있어 연쇄적인 피해를 입고 있다.

한국의 자동차 부품 국산화율은 약 95% 이상에 달한다. 그러나 차량 전체에 전기를 공급하는 장치인 '와이어링 하네스wiring harness' 같은 전선류·금형 등 부가가치가 낮은 부품들은 거리가 가깝고 인건비가 낮은 국내 부품업체의 중국 공장에서 생산한 제품을 이용하는 경우가 많다. 다행히 바이러스 피해가 약한 연해지역을 중심으로 한 공장들이 재가동에 들어가 한국 제조업이 겪는 차질이 완화되고는 있으나, 그 피해와 전이 정도에 따라 앞으로 어떻게 전개될지는 지켜보아야 한다. 현지 기업이나 국내 기업의 중국 공장 가동 여부가 관건일 것이다.

둘째, 중국경제 침체는 또한 세계 경제에 큰 영향을 준다.

---

* 부품이 제조라인에 투입될 때에 맞추어 납품업자로부터 공급되도록 하는 물류 관리 방식으로, 일본의 도요타 자동차가 1990년대 후반 비용절감, 재고절감, 결함제거를 통해 생산성을 높이기 위해 만든 경영기법이다.

세계 중간재 수입 중 중국 비중(%)

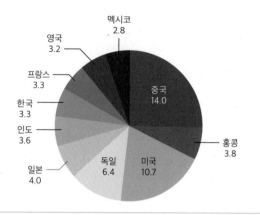

자료 : UN Comtrade

주요국의 수출로 유발된 세계 부가가치 비중

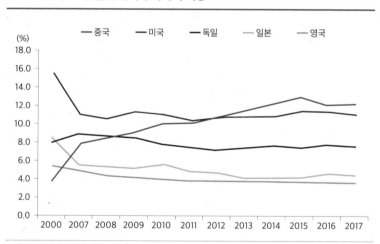

자료 : ADB MRIO

2001년 12월 11일 중국은 WTO의 제143번째 회원국으로 가입했다. 이후 중국은 세계의 교역과 경제에서 가장 중요한 국가로 성장했다. 2017년 중국은 전 세계 중간재의 14.0%, 대중국 수출의 경유지 역할을 하는 홍콩까지 합하면 17.8%를 수입할 만큼 글로벌 생산 분업체계에서 독보적인 위치를 차지하고 있다. 전 세계 수출로 인해 유발되는 전체 부가가치 중 중국의 수출로 유발된 부가가치의 비중은 2017년 12.3%로 세계에서 가장 높다. 중국경제의 침체가 세계 경제의 침체로 연결된다는 의미다.

2014년 시진핑 주석은 신창타이新常態, New Normal라는 새로운 성장 정책 기조를 발표했다. 그중 가장 주요한 정책 기조 하나가 수출에서 내수 중심으로 경제구조를 바꾸는 것이었다. 이후 조립·생산 기지로서의 기능은 줄어들고 자체 기술을 기반으로 한 첨단산업 강국으로 변화해 왔다. 중국의 중간재 자급률이 높아졌고, 가공무역 비중은 떨어졌다. 미국과 같은 소비 강국으로 부상하고자 하는 움직임인 것이다.

중국의 위상이 그리 높지 않던 2003년 사스 사태 때에도, 중국경제의 둔화는 세계 경제에 영향을 주었다. 당시 중국경제는 특히 2003년 2분기에 투자 및 소비에 대한 직접적인 충격이 수출에 비해 상대적으로 더 컸던 것으로 나타났고, 그에 따라 주요국들의 소비재 수출이 위축되었다. 2020년 세계 경제에서의 지위도 강해졌고, 소비 강국으로 발돋움하기 시작한 중국의 경기둔화는 세계 경제의 회복을 지연시킨다. 단 한번도 세계 경제와 동떨어져서 움직인 적이 없는 한국경제에도 큰 하방 압력으로 작용할 것이다.

　마지막으로, 한국경제 자체적인 충격이다. 특히 한국의 완제품 생산에 차질이 생김에 따라 전개될 위협이 있다. 자동차, 전자제품, 스마트폰 등 국내 주력 제조업들의 생산량이 축소될 전망이다. 수만 개 부품 중 하나라도 없으면 전체 생산이 불가능한 완제품 제조업의 특성상, 몇몇 중국 공장의 가동 중단이 한국 기업의 셧다운 사태를 만들기도 하고, 수만 개 국내 공장들의 가동을 멈추게 한다.

　중국과의 연결성을 차치하더라도, 국내 노동 공급 감소와 사회적 격리 증대로 인해 기업 경영이 원활하지 못하다. SK하이닉스는 코로나19 밀접 접촉자가 발생해 800명의 임직원을 자가격리 시킨 바 있다. 주요 경영 전선에 확진자가 발생하고 주요 부품 및 완제품 생산에 차질이 발생하면, 연쇄적으로 제조업 전반에 영향을 미칠 것이다.

　한국경제에서 코로나19 직격탄을 맞는 영역으로 '집객 산업'이 있다. 단순히 중국 여행객들이 급격히 줄어드는 것만 감안해 보아도 쉽게 이해가 간다. 세계 여행 지출의 17.8%를 차지하는 중국 여행객이 줄면, 세계 항공 및 여행산업에 미치는 영향이 가벼울 수 없다. 이미 항공 및 여행산업의 경우 직격탄을 맞은 모습이다. 국적 항공사 8곳의 한중 운항 편수는 지난 1월 59개 노선, 주 546회에서 2월 둘째 주 162회로 70% 감소했다. 세계 각국이 한국인 입국을 제한하거나 금지하는 조치를 확대할 경우, 운항 편수는 더 크게 줄 수 있다. 항공사들은 무급휴직을 신청받고 있다. 희망퇴직을 받는 여행사들도 속출하고 있다.

항공 및 여행산업과 관련된 전·후방 산업도 마찬가지다. 면세
점업에 주는 충격도 비슷한 수준이다. 뿐만 아니라 각종 포럼, 세미
나, 전시 등과 같은 행사와 관련된 마이스산업MICE도 충격을 받고,
호텔, 교육, 영화, 스포츠 등과 같이 모객을 기초로 하는 산업은 거
의 정지 상태다. 경영난을 겪기 시작한 기업들은 이미 희망퇴직이
나 무급휴직을 권장하기 시작했다. 자영업체들은 한숨을 쉬는 외
에는 다른 방도가 없다. 고용시장이 불안해지면 소비가 위축되고
지역 내 주변 자영업자들도 기댈 데가 없어진다. 대형 집객 산업과
여행·관광산업에서 취소·연기 사태가 이어지면서 지역 경제에도 상
당한 충격을 주고 있다.

물론 이 와중에도 '특수'를 누리는 일부 부문이 있다. 일명 '코
로나 테마주'라 불리는 마스크와 백신 관련 기업들의 주가는 코로
나19 사태가 발생하면서 급등하기 시작했다. 마스크와 위생용품의
매출이 급증하면서 이들 제품을 생산하는 기업들의 실적에 영향을
줄 것이기 때문이다. 모나리자와 '깨끗한나라'가 대표적이다. 코로
나19 사태가 장기화하면서 간편식품과 전자상거래기업들의 매출도
뚜렷하게 상승했다. 빵의 주원료인 냉동 생지(반죽)를 생산하는 서
울식품, 어묵·맛살·김 등을 생산하는 CJ씨푸드, 그리고 맛살 등 수
산물·육류 가공식품 기업인 사조오양 등은 상한가를 기록하기도
했다. 쿠팡, 마켓컬리 등과 같은 전자상거래 기업들은 재고가 부족
해 일부 제품의 판매 가격이 오히려 오프라인 쇼핑 가격보다 더 높

아지기도 했다. 전자상거래 기업들의 매출 증가로 사이버결제 관련 기업의 실적도 크게 올랐다. 옥외 활동을 줄이고 가정 내에서 즐길 수 있는 인터넷서비스, 게임, 엔터테인먼트 서비스 등의 수요도 크게 늘었다. 기업들의 재택근무 조치가 확산되면서 온라인 교육 기업이나 재택근무 관련 ERP 시스템 기업들에게도 투자 관심이 집중되고 있다.

코로나19 사태로 기업들의 투자심리 위축과 금융시장 불안 가능성이 커지고 있다. 2019년 미중 무역분쟁이 격화하면서 세계적으로 기업들의 투자가 크게 위축되었다. 2020년에는 미중 간 1차 협상 등으로 갈등이 다소 완화되면서 기업들의 신규투자가 증대되는 양상이 나타났다. 이는 국내 반도체 수요로 연결되어 2020년

국제 금(현물) 가격 및 원/달러 환율 추이

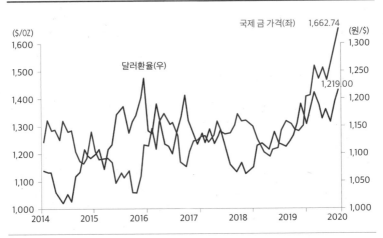

자료 : 한국은행 경제통계국
주 : 월별 말일 종가 기준, 2월은 2월 24일 작성일 기준.

코로나19 파급 영향 시나리오 모형

코로나19의 파급 영향이라는 현상을 최소화된 모형으로 압축하면 크게 두 가지 시나리오로 구분된다. 먼저 중국으로부터의 영향과 관련된 시나리오다. 이는 사스 사태와 유사하다. 중국 경기 침체는 세계 경기에 부정적 영향을 주고, 세계 수요를 둔화시킨다. 한편 노동 공급이 감소하고, 사회적 격리가 증대됨에 따라 가계소득이 감소하고, 이는 수요 감소와 생산 감소로 연결된다. 중국 제조업 가동이 중단됨에 따라, GVC 상에 연결되어 있는 세계 제조업(한국 포함) 가동을 중단시킨다.

한국 자체적인 산업 및 부문들에 미치는 영향도 있다. 먼저 제조업 가동이 중단되면, 수많은 공급업체의 공장도 가동을 멈추고, 지역 내 소상공인들의 경기도 위축시킨다. 한편 노동 공급 감소와 사회적 격리 증대 현상은 가계소득을 감소시키고, 이는 수요를 위축시킨다.

한편 매우 일부 산업에 해당하지만 GDP 감소분을 상쇄하는 경로도 있다. 옥내활동이 증가함에 따라 온라인 쇼핑이 증가하거나 게임 산업의 수요가 증가하기도 하고, 의료서비스나 위생 관련 수요가 증가함에 따라 생산이 증가하기도 한다.

코로나19의 파급 영향 시나리오

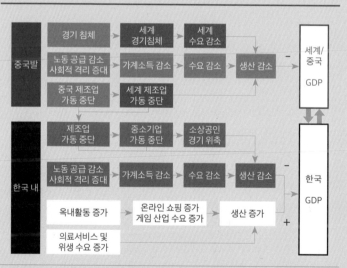

주 : 코로나19가 한국경제에 주는 영향을 중심으로 분석된 것이기 때문에, 중국과 세계 경제에 관한 경로는 최소화

한국경제 회복에 매우 긍정적인 요소로 평가되었다. 그런데 다시 커다란 불확실성이 증폭되면서 기업들의 투자가 위축되고 있다. 이러한 불확실성은 안전자산 선호현상을 증폭시키고, 자본 및 외환시장의 변동폭을 확대시키고 있다. 안전자산으로 분류되는 금 가격과 달러 가치는 2020년 1, 2월 들어 치솟고 있다.

통화정책 :
기준금리는 추가 인하할까?

　『한 권으로 먼저 보는 2020년 경제전망』을 통해 2020년에 이슈가 될 20가지 경제트렌드 중 첫 번째로 '완화의 시대로의 전환'을 제시한 바 있다. 책에서는 금리를 인상하는 등의 긴축적 통화정책의 시대에서, 금리를 인하하고 유동성을 공급해서 투자와 소비를 촉진하고자 하는 완화적 통화정책의 시대로 전환되었음을 강조했다.

　2020년 세계 주요국들은 2019년의 경기저점에서 벗어나 경기를 회복시키기 위해 재정정책과 통화정책을 적극적으로 이행해나가고 있다. 먼저 미국은 2019년 하반기 3차례 기준금리를 인하했고, 2020년에는 현재의 저금리 기조를 유지하거나, 추가적인 금리인하를 단행할 것으로 보인다. 미국에 이어 주요국 중앙은행들이

G20 국가들의 통화정책 기조[19]

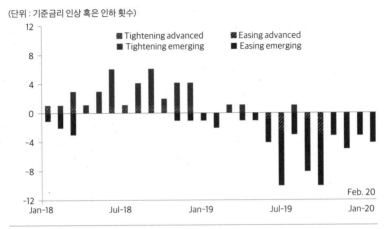

(단위 : 기준금리 인상 혹은 인하 횟수)

자료 : IMF(2020.2) G20 Surveillance Note
주 : Easing=완화적 통화정책, Tightening=긴축적 통화정책

통화정책을 완화적인 방향으로 전환하고 있다. 중국 인민은행, 유럽 중앙은행ECB, European Central Bank, 일본은행을 비롯해서 수많은 신흥국들도 정책금리를 인하하고 있다.

특히 코로나19 사태가 확산하면서 각국의 경기부양적 통화정책 기조가 더욱 강하게 나타나고 있다. 중국 인민은행은 2020년 2월 경기 하방 압력에 대응하기 위해 유동성지원창구MLF 대출 금리와 대출우대금리를 인하했다. 2월 들어 브라질·태국(5일), 필리핀(6일), 러시아(7일), 멕시코(13일), 터키(19일), 인도네시아(20일)가 정책금리 인하를 결정했다.

한국은행은 시장의 기대와는 달리 2020년 2월 27일 통화정책 방향 결정회의에서 기준금리를 동결했다. 글로벌 성장세가 둔화하고, 중국경제가 위축되고 있다고 판단했다. 또한 한국의 2월 소비, 수출, 생산 활동이 부분적으로 위축되고 있다고 평가하고 2020년 경제성장률 전망치를 기존의 2.3%에서 2.1%로 0.2%p 하향조정했다. 다만 여전히 2.0%를 기록한 2019년보다는 2020년 경제 상황이 나아질 것으로 판단했기 때문에, 기준금리를 동결한 것이다.

결과적으로 금융통화위원회는 다음 통화정책 방향 결정 시까지 한국은행 기준금리를 현 수준(1.25%)에서 유지하여 통화정책을 운용하기로 했다. 다음 통화정책방향 결정회의는 4월 9일과 5월 28일로 예정되어 있다. 어느 때보다 4월과 5월의 기준금리 의사결정에 상당한 관심이 주목되고 있다. 한 차례 추가 인하가 결정된다면 역대 최저 수준의 기준금리에 진입하게 되기 때문이다.

한국 기준금리도 역대 최저 수준으로 인하할까?

미국과 주요국을 비롯해 세계적인 기준금리 인하 흐름으로 한국의 기준금리 인하를 위한 여건이 마련된 것은 사실이다. 코로나19 사태의 경제적 충격이 3월 중에 본격적으로 나타날 것이기 때문에 주요국들의 움직임은 더욱 분주해질 것이다. 2020년 3월 17~18일 연방공개시장위원회FOMC 회의가 개최될 예정이다. 1월 FOMC 회의에서 '코로나19 리스크'라는 표현이 8차례나 언급된 만큼 기준금리 인하에 대한 시장의 기대가 커지고 있는 상황이다. 그러나 미국이 추가 금리 인하를 진행하지 않는다면, 한국이 선제적으로 기준금리 인하를 단행하기는 쉽지 않은 상황이었다.

그런데 매우 이례적인 일이 발생했다. 2020년 3월 2일 G7 재무장관 및 중앙은행 총재 컨퍼런스 콜 회의가 개최되었다. G7 국가에는 미국, 캐나다, 영국, 프랑스, 독일, 이탈리아, 일본이 포함되어 있다. G7은 회의 후 발표한 공동 성명서joint statement를 통해 코로나19 사태가 세계경제에 미치는 영향에 대응하기 위해 모든 적절한 정책 수단을 동원하겠다고 선언했다. 그리고 3월 4일 미국 중앙은행인 연방준비제도Fed는 기준금리를 0.5%p 인하했다. 0.25%p 금리를 조정하는 일명 '그린스펀의 베이비스텝' 원칙에서 벗어난 '0.5%p 빅컷'이다. 더욱이 정례회의를 통한 것이 아니라 긴급 인하였다. FED는 글로벌 금융위기 당시인 2008년에도 정례회의와는 별도로 금리인하를 단행한 바 있다.

1.25% 이하로 기준금리를 인하하기에 상당한 부담이 되는 상황이다. 기준금리를 하한선 1.0%로 인하하면, 향후 운용할 통화정책 수단이 줄어들기 때문이다. 더욱이 금리가 떨어지면 외국인 투자자금의 유출이 가파른 속도로 진행될 가능성이 크고, 가계부채의 증가 속도가 급등하며, 부동산 가격 안정화 대책의 노력이 작동하지 않을 수 있기 때문이다. 한편 코로나19 대응 추경(추가경정예산, 이하 추경)이 논의되기 시작했기 때문에, 코로나19 사태의 충격은 재정정책을 통해 살피고, 통화정책은 금융안정에 우선을 둔 것이라 판단된다.

따라서 미국을 비롯한 주요국의 통화정책을 지켜보면서, 코로나19 사태의 진행과 중국과 한국의 경제적 충격 정도를 객관적으로 판단해 나갈 것으로 보인다. 결과적으로 한국의 기준금리는

한국과 미국의 기준금리 추이 및 전망[20]

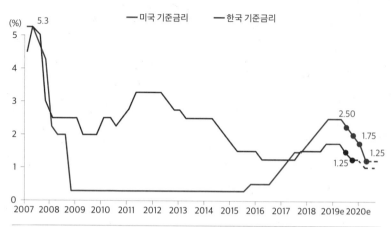

자료 : 한국은행, Fed, 국제금융센터

2020년 한해 지속적으로 동결하거나, 한 차례 정도 추가 인하를 단행할 수 있다고 전망된다. 한두 차례 추가 기준금리 인하를 단행할 가능성이 커졌고, 미국처럼 통화 정책 회의를 긴급 소집해서 적극적인 움직임을 펼 수도 있는 상황이다. 수요가 부진해지고, 국제유가가 하락하는 등 물가 하방 압력이 높아짐에 따라 디플레이션 우려가 제기되고 있기 때문에, 기준금리 인하의 필요성이 더욱 커지고 있는 상황이다. 물론 코로나19 사태의 영향이 제한적이라면 지속적으로 동결할 가능성도 여전히 상존한다.

재정정책 :
추경은 어떻게 쓰일까?

중국은 '역주기逆周期 정책'을 강조해 왔다. 역주기 정책은 정부가 경기 하강을 방어하기 위해 세금 감면, 환율 조정 등의 정책을 통해 경기 부양에 나서는 것을 의미한다. 역주기 조절요소 countercyclical adjustments를 사용해 경기를 부양하는 이 정책에서는 대표적으로 투자가 위축되면 세금을 감면해서 기업의 부담을 줄여주고, 수출이 침체 되면 위안화 가치를 인위적으로 절하시켜 교역조건을 개선시키는 등의 방법을 사용한다.

중국 정부가 코로나19 사태로 위축된 내수를 살리기 위해 대규모 경기부양책을 꺼내 놓을 예정이다. 경기를 급반등시키기 위해 대규모 감세와 인프라 투자 확대와 같은 역주기 정책이 주가 될 것이다. 중국 교통운수부는 2020년 도로와 수로 건설 등 교통망 사업에 1조 8,000억위안(약 309조원)을 투자한다고 밝혔다. 중국 인민은행은 주요 코로나19 피해 산업에 대한 대출 지원도 강화할 것이다. 각 지방 정부는 코로나 사태 여파로 인한 경기 냉각에 대응해 부동산 규제를 완화할 움직임을 보이고 있다. 부동산 사전 분양에 대한 규제 강도를 다소 완화하는 등의 투자 진작책이 발표될 전망이다. 이런 정책은 두산인프라코어나 현대건설기계 등 국내 건설기계 회사들에게는 코로나19가 종식될 때 큰 호재로 작용할 것으로 판단된다.

홍콩 정부는 주민들에게 현금을 지급하기로 했다. 18세 이상 영주권자, 약 700만 명 모두에게 1만 홍콩달러(약 155만원)를 지급하기로 한 것이다. 국민의 경제적 부담을 덜어주고, 지역 소비를 활성화함으로써 지역 기업들이 어려움을 극복할 수 있도록 돕겠다는 정책이다. 2019년에 민주화 시위로 경제가 급격히 침체했다가 겨우 회복되는 듯하다가 '코로나19'로 더블 딥을 맞은 홍콩은 특단의 조치를 내렸다. 근로자 195만명을 대상으로 2만홍콩달러(약 310만원)까지 소득세를 감면해 주고, 법인세·전기요금 인하, 공공주택 임대료 인하 등의 정책들을 단행했다. 이러한 조치들은 1,200억홍콩달러(약 18조 7260억원) 규모 경기 부양책의 일환이다.

미국 정부는 코로나19 확산을 조기에 막고, 경제적 영향을 차단하는 데 집중할 전망이다. 미국 정부는 코로나19 긴급 대책 비용으로 의회에 10억달러(약 1조 2,190억원)를 요청했다. 이는 코로나19의 경제적 여파가 당초 예상보다 확대될 우려가 고조되는 가운

데 이뤄졌다. 애플을 비롯한 주요 제조업 공급망에서 빚어진 차질을 최소화하고, 코로나19 대응을 위한 약품, 의료장비 등의 공급을 확대하는 조치를 취할 것으로 보인다. 트럼프 대통령은 2월 27일 기자회견을 열어 "우리는 코로나19와 관련한 만일의 사태에 잘 대비하고 있다"며 "미국인에 대한 코로나19 위험은 여전히 매우 낮다"고 평가했다. 트럼프 대통령은 코로나19 확산 가능성을 일축하며 국민을 안심시키려 하지만, 적절하게 대응하지 못할 때에는 재선 가도에 최대 장애가 될 수 있음을 우려하는 모습으로 해석된다.

2020년 2월 28일 정부는 「코로나19 파급영향 최소화와 조기 극복을 위한 민생·경제 종합대책」을 통해 추경을 포함한 추가 대책을 발표했다. 먼저 국민 안전을 위해 방역체계를 총력을 기울여 가동하는 대책이 주를 이룬다. 한국 정부도 코로나19 조기 종식, 감염병 대응 역량 보강, 어려운 경제 보강 등을 목적으로 쓸 수 있는 정책을 모두 동원하고 있다. 중앙 정부에는 본예산 외에 총 3조 4,000억원의 예비비가 있다. 예비비는 예측할 수 없는 예산 외의 지출을 충당하기 위해 비축하는 자금이다. 상당 비중의 예비비를 방역 대응 체계 확충 등에 우선 지출하기로 국무회의에서 최종 의결되었다. 대구 등의 피해지역에 파견된 의료 인력에 대한 경제적 보상, 감염병 전담병원(4개소) 운영, 치료장비 투입, 역학조사 및 방역 등에 우선적으로 초점을 맞추고 있다.

경제정책은 중소기업과 소상공인 지원책이 중심이 되고 있다. 피해 중소기업과 소상공인을 대상으로 긴급경영안정자금을 공급하고, 사업장 방역 지원과 마스크 등 방역물품 지원도 진행하고 있다. 소상공인 매출 증대를 위해 온라인 진출을 지원하는 등 피해점포 정상화 프로그램을 가동하고 있다. 또한 소상공인 임대료 지원 정책이 마련되었다. 민간의 '착한임대인'이 임대료를 인하하면, 그 절반을 소득세·법인세 감면을 통해 정부가 분담하는 프로그램이다. 정부 및 공공기관 소유 재산의 임차인에 대해서도 임대료를 인하하기 시작했다.

그 밖에도 급랭한 경제를 회복시키기 위한 다각도의 경기부양책이 발표되었다. 대규모 기업 투자 프로젝트를 발굴할 것이다. 경기 고양 체험형 콘텐츠파크 조성(1.8조원 투자) 및 전남 여수 LNG 터미널 건립(1.2조원 투자) 등의 프로젝트가 조속히 진행될 수 있도록 관리할 계획이다. 또한 SOC 예산을 상반기 내에 60% 이상 조기 집행할 계획이다. 도시재생사업, 상수원 수질 안전관리, 국가균형발전 프로젝트 등이 그 예이다. 코로나19 때문에 발생한 GVC 상의 차질에 대응하기 위해 국내 기업의 유턴을 본격화할 수 있도록 지원을 확대할 계획이다. 법인세 감면 등의 혜택을 통해 중국의 생산기지를 한국으로 유치하려는 정책이다.

3월에 정부의 추경 안이 편성되었다. 추경은 예상치 못한 사태가 발생했을 때 마련하는 예산이다. 추가경정예산이란 정부가 예산 성립 후에 생긴 사유로 인하여 이미 성립한 예산을 변경할 필요가 있을 때 편성하는 예산, 국가 예산의 실행 단계에서 부득이하게 발생한 경비를 가리킨다. 코로나19 사태는 '2020년 예산안'을 기획할

「국민안전」+「민생안정」+「활력보강」

① 국민안전을 위한 방역체계 총력 가동 및 시장 안정에 최우선

방역체계 총력 지원
- √ 방역대응 체계 및 검역·진단 역량 강화
- √ 격리자 치료지원/발열·호흡기환자 별도관리 지원
- √ 생활비·유급휴가비 지원
- √ 피해 의료기관 손실 보전

보건용품 시장 안정
- √ 마스크 생산량 90% 국내공급
- √ 공적채널 통해 마스크 日 500만장 이상 공급
- √ 대구·청도지역 마스크 700만장 무상 공급
  (의료기관·입원환자 200만장 + 취약계층 500만장)
- √ 근로자 방역마스크 150만개 추가 공급

② 민생안정 지원에 총력

피해부문 극복지원
- √ 임대료 인하 지원 3종세트
- √ 소상공인·중소기업 특별금융 지원
- √ 영세 개인사업자의 부가가치세 경감
- √ 현장 요구가 큰 업종별 핵심애로 해소

지역경제 어려움 완화
- √ 지역사랑상품권·온누리상품권 발행 확대
- √ 지역고용 특별지원 신설·특별고용지원업종 추가
- √ 고용관련 지원금 확대 등 고용안정 강화
- √ 가족돌봄 지원 강화 등 민생안정 노력 강화

③ 경제활력 모멘텀 사수

내수회복 지원
- √ 승용차 개소세 인하 등 소비유인 제고
- √ 5대 소비쿠폰 등 소비활력 제고
- √ 대한민국 동행세일 등 소비심리 회복 지원
- √ 주거비 부담 경감을 통한 소비여력 확충

투자·수출 활력 제고
- √ 100조 투자목표 + 건설투자 신속 집행
- √ 정책금융 지원 및 규제혁파 가속화
- √ 무역금융 확대 및 시장 다변화 지원
- √ 국내기업의 유턴 본격화 지원 확대

정책공조 및 협력 강화
〈한은, 공공·금융기관 등 전방위적 협업〉

국민안전·민생안정·활력보강 위해 가용한 모든 재정수단 강구

예비비·기금변경
- √ 예비비 최대한 신속 지원 √ 기금운용계획 변경

추 경
- √ 추경 편성 추진 √ 통과 2개월내 75% 집행

자료 : 기획재정부

역대 추경 편성 규모

2013년	경기침체·세수결손 대응	17조 4천억원
2015년	메르스 사태·가뭄 대응	11조 6천억원
2016년	브렉시트, 기업 구조조정 영향 최소화	11조원
2017년	일자리 창출·여건 개선	11조원
2018년	청년 일자리·지역 대책	3조 8천억원
2019년	미세먼지 대책·선체적 경기대응·강원 산불 및 포항 지진 피해 지원 등	6조 7천억원
2020년	코로나19 사태 대응	11조 7천억원(추경안)

자료 : 기획재정부
주 : 「코로나19 파급영향 최소화와 조기극복을 위한 민생·경제 종합대책」[22]에 "메르스 당시 수준 또는 그 이상으로 편성 추진"할 것으로 명시

2019년 8월 당시에는 고려하지 못했던 요인이다.

2019년 12월에 국회 통과될 당시에도 상상하지 못했던 일이다. 당연히 2020년 예산에는 코로나19 대응 및 피해 복구 예산이 반영되어 있을 수 없다. 재정건전성을 우려하는 사람도 있다. 2020년 예산에는 세입보다 세출이 크게 계상되어 있기 때문에 정부부채 과다에 대해 논의가 필요할지 모른다. 다만 지금은 재정건전성을 논할 시점이 아니다. 일단 피해 복구와 경제 회복이 우선이다.

추경은 코로나19 사태가 준 상처를 치유하는 데 초점을 두는 모습이다. 추경(안)이 중점을 두는 투자 방향은 다음과 같다. (1) 감염병 검역·진단·치료 등 방역체계 고도화, (2) 코로나19 피해 중소기업·소상공인 회복 지원, (3) 코로나19 조기극복을 위한 민생·고용 안정 지원, (4) 비상 지역경제 지원. 정부는 3월 중 추경이 국회를 통과할 수 있도록 신속 행정을 추진하고, 그 효과가 신속히 나타날 수 있도록 상반기 내 예산을 집행할 계획이다.

5

2020년 수정경제전망

2020년 수정경제전망의 주요 전제

한국경제를 전망하는 과정에서 몇 가지 가정이 전제로 깔린다. 한국 경제성장률에 영향을 미치는 변수와 구성요소들에 대한 가정이다. 세계 경제성장률, 주요국 경제성장률, 국제유가, 환율 등의 변수는 국제기구 전망치로 전제한다. IMFInternational Monetary Fund(국제통화기금), WBWorld Bank(세계은행), EIAU.S. Energy Information Administration 등의 2020년 전망치를 전제로 한국경제를 전망하는 흐름으로 논의를 전개할 것이다.

2020년 세계 경제 수정전망

세계 주요기관들은 코로나19의 영향을 반영해 세계 및 주요국 경제성장률을 하향조정하고 있다. 주요 기관들의 전망은 코로나19 사

세계 및 중국 경제성장률 추이 및 전망[23]

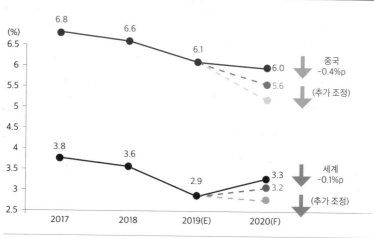

자료 : IMF
주 : 2020년 1월 기준 전망은 실선으로, 2020년 3월 수정전망은 점선으로 표시함.

태가 얼마나 지속되고, 얼마만큼 확산되는지 등의 가정에 따라 차이가 있다. IHS마킷IHS Markit은 최악의worst 시나리오로 2020년 중국 경제성장률을 1.6%p, 세계 경제성장률을 0.3%p 하향조정 했다. 한편 IMF는 2월의 G20 재무장관 회의에서 2분기가 되면 감염 확산 이전 수준의 정상적인 제조업 활동 등이 재개될 것으로 보고, 2020년 중국경제성장률을 0.4%p, 세계 경제성장률을 0.1%p 하향조정했다. 그러나 3월 들어 IMF 총재는 긴급 기자회견을 열어 코로나19의 확산에 따른 파급 영향이 가중되었다고 진단하고, 중국 경제성장률을 추가적으로 하향조정하였으며 세계 경제성장률도 2019년의 2.9% 수준 아래로 낮아질 것이라고 밝혔다.(확정된 수치가 발표되지는 않았다) 필자는 IMF의 전망을 가정하기로 한다.

2020년 국제 유가 전망

2020년 초 미국의 이란 군부실세 솔레이마니 공습 사살(1월 3일)로 1월 6일 국제유가(Brent 기준)가 $69/bbl 가까이 상승했다. 이후 미-이란 긴장이 완화되며 $64~65/bbl 수준을 유지했다. 그러나 1월 20일 코로나19가 세계의 주목을 받기 시작한 이후 미-이란 긴장 고조로 인한 상승분을 반납했다. 코로나19 확산으로 석유 수요 감소 우려가 현실화 하며 2월 27일 기준 국제유가가 약 14개월 만에 최저치를 기록했다.

2020년 세계 석유 수요가 위축될 전망이다. 물론 코로나19 확산을 얼마나 빨리 통제하고 중국과 이에 영향을 받은 경제권이 얼마나 신속히 정상으로 돌아오느냐에 따라 세계 경제와 석유 수요에 미치는 영향이 달라질 것이다. 해외 주요기관들은 세계 석유 수

코로나19 확산에 따른 석유수요 증가분 감소 전망(연평균)[24]

(b/d)

기관	Platts	CERA	Woodmac	BP	EIA	OPEC
수요감소(b/d)	29~56만	30만	50만	30~50만	31만	23만

자료 : Petronet, 각 기관
주 : 2020년 2월 기준 전망임.

주요 국제유가 동향 및 전망[25]

(달러/배럴)

구분	2017년	2018년	2019년	2020년					2021년 (E)
				1분기	2분기	3분기(E)	4분기(E)	연간(E)	
WTI	50.8	65.1	57.0	52.9	52.2	58.1	59.5	55.7	62.0
Brent	54.2	71.2	64.4	58.6	57.7	63.5	65.0	61.3	67.5

자료 : EIA(2020.2) STEO(Short-Term Energy Outlook).

요가 코로나19의 확산으로 2월과 3월에 가장 큰 폭으로 감소하는 등 1분기에 감소가 집중될 것으로 전망했다. 플래츠Platts는 2월에만 최소 97만b/d에서 최대 250만b/d 감소(2월 3일), 우드맥Woodmac은 1분기 90만b/d 감소(2월 6일), CERA는 1분기 170만b/d(2월 12일)감소할 것으로 전망했다. WHO는 2월 27일 코로나19 사태가 결정적 시점decisive point에 왔다며, 팬데믹의 잠재력이 있다고 발표했다. 그렇게 될 경우 제조업 가동률이 둔화하고, 항공 노선이 축소되며, 소비 및 투자가 줄어들게 될 것이다. 석유 수요는 추가적으로 더 감소하게 될 것이다.

2020년 상반기 국제유가가 조정되고 하반기 들어 회복될 전망이다. 2020년 코로나19 확산에 따른 석유 수요 감소분이 1분기에 집중된 후 'V모양의 회복세'를 보일 것으로 전망한다. EIAU.S. Energy Information Administration에 따르면, 국제 유가가 1분기는 전년 대비 하락하고, 이후 회복세를 보일 것으로 전망된다. 더욱이 3월 5~6일 예정된 OPEC+ 총회에서 추가 감산 결정 등의 기대감이 추가적인 유가 하락을 방어하고 있는 것으로 분석된다.

2020년 주요국 환율전망

일본의 2019년 4분기 경제성장률이 부진(-6.3%)하게 나타나 엔화 선호 심리가 위축되었다. 더욱이 코로나19 확산에 따라 도쿄 올림픽의 취소 가능성이 제기되고 있다. 개최하더라도 무관중 행사까지 검토하고 있는 만큼 경기 둔화 우려가 확대되고 있다. 이러한 흐름이 최근 엔화의 안전통화로서의 위상을 크게 떨어트렸다.

중국 인민은행이 통화정책 완화(MLF, LPR 인하)를 통해 코로나19에 적극 대응하는 과정에서 약세 흐름을 이어가고 있다. 중국 인민은행은 사실상 기준금리 역할을 해온 MLF를 인하한 데 이어, '15년 10월 이후 계속 동결해온 전통적 기준금리인 벤치마크 대출금리 인하를 시사하는 등 적극적인 대응책을 펼치고 있다.

2020년 1분기를 지나면서 엔화 강세, 유로화 강세, 위안화 약세를 보일 것으로 전망된다. 세계 주요 투자은행investment bank들의 환율 전망에 따르면, 코로나19 사태로 인해 환율 변동폭이 확대될 것으로 보인다. 최근 코로나19로 인한 불확실성이 고조되는 과정에서 안전자산 선호현상이 과열되면서 달러화와 엔화 강세 압력이 확대되고 있다. 다만 2020년 미국 경기가 둔화할 가능성이 커지면서 달러화 가치가 다소 약해질 것으로 전망된다. 유로 지역도 완화적 통화정책 기조를 이어가겠지만, 2019년의 경기 저점을 지나서 완만하

주요국 통화의 환율전망

(엔/달러, 달러/유로, 위안화/달러)

		3개월	6개월	9개월	12개월
엔화 (최근 107.89)	평균	107.67(+0.2%)	107.25(+0.6%)	105.86(+1.9%)	104.90(+2.9%)
	최고/최저	112/104	112/102	112/100	112/99
유로화 (1.1026)	평균	1.0933(-0.8%)	1.1088(+0.6%)	1.1214(+1.7%)	1.1380(+3.2%)
	최고/최저	1.16/1.08	1.18/1.09	1.17/1.08	1.16/1.07
위안화 (6.9920)	평균	6.9744(+0.3%)	6.9888(+0.05%)	6.9929(-0.01%)	6.9850(+0.1%)
	최고/최저	7.10/6.80	7.10/6.80	7.15/6.83	7.20/6.85

자료 : JP Morgan, Goldman Sachs 등 12대 해외 투자은행들의 환율 전망 평균, 국제금융센터
주1: 2020년 2월 28일 기준.
주2: 유로화는 1유로당 달러, 엔화와 위안화는 1달러당 해당통화.
주3: ( )안은 최근 대비 절상(또는 절하)폭.

게 회복할 것으로 전망되면서 유로화 강세가 나타날 것으로 보인다. 중국경제의 대내외적 하방 압력이 강해지면서, 위안화는 기본적으로 약세 흐름을 이어갈 것으로 전망된다.

2020년 한국경제 전망과 대응 전략

2020년 한국경제 수정 전망

2020년 한국경제는 세계 경제의 회복세와 함께 완만하게 회복하는 국면이었다. 2019년 말부터 수출, 생산, 투자, 소비 부문에 걸쳐 경기저점으로부터 반등하는 흐름이 나타났다. 그러나 회복의 기대감도 잠시, 2020년 1월 25일 설 연휴를 전후로 코로나19 발생 및 확산의 불안감이 나타나기 시작했다. 코로나19라는 예측하지 못했던 커다란 하방 압력이 작용함에 따라 『한 권으로 먼저 보는 2020년 경제전망』을 통해서 제시했던 전망치를 수정해야 할 필요성이 제기되었다. 다양한 경제 주체들의 의사결정에서도 변화가 필요하기 때문이다.

코로나19라는 예측하지 못했던 변수가 등장했기 때문에, 코로나19 확산세에 대한 가정에 기초해서만 경제를 전망할 수밖에 없다. JP모간, 한국은행 등과 같이 국내 코로나19 확진자가 3월 중 정점을 기록하고, 이후 안정될 것으로 전제한다.

2019년 한국경제는 어려운 구간을 지났는데 2020년도 쉽지 않은 해가 될 것으로 보인다. 2019년 한국 경제성장률은 2.0%를 기록하며, 근래 들어 최저점을 기록했다. 글로벌 금융위기 충격(2009년) 이후 가장 낮은 수준이고, 유럽 발 재정위기의 충격이 있었던 2012년(2.4%)보다도 낮은 수준이다. 2020년 한국경제는 1.9% 경제성장률을 기록할 것으로 전망된다. 어려웠던 2019년을 지나 반등하는가 싶더니 다시 더 어려워지는 더블 딥의 경제로 표

2020년 한국 경제전망

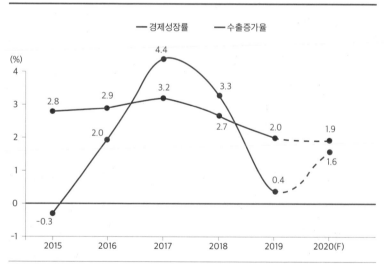

자료 : 한국은행, 한국무역협회
주1 : 2020년 3월 1일 기준 저자의 전망치임.
주2 : 수출증가율은 재화의 수출(F.O.B)을 기준으로 함

현할 수 있다.

주요 부문별로 들여다보자.

부문별로 보았을 때, 2019년에는 설비투자와 건설투자가 6~7분기 연속으로 마이너스를 기록했고, 수출도 2018년 11월 이후 연속 13개월 마이너스를 지속했다. 2020년에는 수출이 회복되긴 하지만 뚜렷하게 증가하지 못하고, 설비투자는 마이너스에서 벗어나지만 미약하며, 건설투자는 여전히 마이너스를 지속하고, 소비는 큰 변화가 없을 것으로 보인다.

2020 한국경제에 대해 필자는 다음과 같이 수정전망 한다.

한국 경제성장률은 2.2%→1.9%로 0.3%p 하향조정한다. 코로나19 사태가 중소기업 경기를 위축시켜 고용이 불안정하고, 지역경

기초 설명

경제 = GDP

경제성장률 = GDP증가율

경제 = GDP = C +I + G + netEx

(C는 소비, I는 투자, G는 정부지출, netEx는 순수출을 의미)

경제성장률은 경제규모(GDP)가 전년 경제 규모에 비해 얼마나 증가했는지를 보여주는 지표다. 경제를 구성하는 항목이 소비(C), 투자(I), 정부지출(G), 순수출(netEx)이기 때문에, 경제성장률은 C, I, G, netEx의 (가중)평균적인 증가율이 된다. 투자(I)는 건설투자, 설비투자, 지식재산생산물투자로 구분되나, 지식재산생산물투자는 비중이 미미하여 전망의 대상에서 제외한다. 정부지출도 유사한 이유로 전망의 대상에서 제외한다. 국내외 주요 연구기관들도 같은 방법을 취한다.

2020년 부문별 한국경제 전망

(전년동기비, %, 만 명)

구분	2016년	2017년	2018년	2019년	2020년(F)	
					2019년 9월	2020년 3월
경제성장률(%)	2.9	3.2	2.7	2.0	2.2	1.9
민간소비(%)	2.6	2.8	2.8	1.9	2.2	2.0
건설투자(%)	10.0	7.3	-4.3	-3.3	-2.0	-1.9
설비투자(%)	2.6	16.5	-2.4	-8.1	3.6	3.5
수출증가율(%)	2.0	4.4	3.3	0.4	2.1	1.8
소비자물가(%)	1.0	1.9	1.5	0.4	1.2	1.0
실업률(%)	3.7	3.7	3.8	3.8	3.9	3.9
취업자수 증감(만 명)	23.1	31.6	9.7	30.0	15.5	14.0

자료 : 한국은행, 한국무역협회, 통계청
주1 : 2020년 3월 1일 기준 전망치임
주2 : 2019년 9월 전망치는 『한 권으로 먼저 보는 2020년 경제전망』

제 위축으로 소상공인의 소득이 축소되는 등 경제 하방 압력으로 작용하여, 민간소비 증감률을 2.2%→2.0%로 조정한다. 한편 건설투자는 공공부문의 SOC를 중심으로 예산이 집중 투입되는 과정에서 소폭의 상방 압력이 작용할 것으로 판단되어 -2.0%→-1.9%로 상향조정한다. 상반기에 기업들의 심리가 위축되지만 하반기 들어 반등 흐름을 예상하는 기업들의 신산업 투자가 진작되면서 설비투자의 조정폭은 크지 않을 것이다(3.6%→3.5%). 코로나19 사태로 대중국 수출뿐만 아니라, 신남방 정책에도 영향을 주면서 수출증가율은 2.1%→1.8%로 0.3%p 하향조정한다.

2020년 대응전략

무엇보다도 우선시 되어야 할 것은 국민적인 조기 대응 노력이다. 코로나19 확산을 얼마나 빨리 통제하는지에 따라 우리에게 돌아오는 결과는 달라질 것이다. 무엇보다도 각자의 희생과 정부 복구 대책에 동조하는 선진화된 의식이 발휘되어 1분기 안으로 확산을 막아야만 한다. 일부 전문가들은 최악의 시나리오를 제시하면서, 국민의 40%까지 감염될 수 있고, 사태가 연말까지 갈 수도 있다고 한다. 최악의 시나리오가 사실이 아님을 국민 스스로가 힘을 합쳐 증명해야 한다.

둘째, GVC의 전환이 필요하다. 주요 전·후방 산업이 일부 국가에 편중된 채 의존하는 구조는 향후에도 또 다른 위험을 불러올 수 있다. 중국에 편중되어 있던 GVC 구조는 2018~2019년 동안에도 미중 무역분쟁으로 인한 충격을 고스란히 받게 하지 않았는가? 중국에 편중되어 있는 일부의 생산라인을 한국으로, 일부의 생산라인은 아시아 신흥국 등으로 이전하는 노력이 필요하다. '코로나19 파급영향 최소화와 조기극복을 위한 민생경제 종합대책(2020.2)'에서도 국내 기업의 유턴 본격화를 위한 지원을 확대하는 정책이 포함되어 있다. 유턴뿐만 아니라, 좌회전-우회전도 유도해야 함을 강조한다.

셋째, 수출시장 다변화를 본격화해야 한다. 수출대상국의 포트폴리오를 안정적으로 구축해야 한다는 뜻이다. 즉 교역선을 다변화해서 교역 리스크를 줄여야 한다. 그런 점에서 정부가 추진하고 있는 신남방 정책에 더욱 강력한 드라이브를 걸 필요가 있다. 특히 급부상하고 있는 신흥국들을 중심으로 기업들이 신시장을 개척해 나갈 수 있도록 주요 바이어들과의 핫라인을 구축하고, 중소기업들의 우수제품들을 해외 현지 시장 온라인쇼핑몰에 런칭할 수 있도록 하는 등의 지원책이 마련되어야 하겠다.

넷째, 산업구조 상의 재편을 통해 잠재성장률을 끌어올려야 한다. 2020년까지 이어지는 경기 하강 국면 이후에 반등할 수 있는 모멘텀을 만들어야만 한다. 그래야 장기 불황이 이어지는 'L'자형 국면에서 탈출할 수 있다. 성장잠재력을 확충하기 위해서는 산업구조를 고도화하고 기업들이 경영시스템과 기술을 혁신할 수 있도록 유도하며, 저출산 현상으로 생산연령인구가 감소하는 것을 막는 등의 중차대한 노력이 요구된다. 쉽지 않은 일이지만, 이러한 노력을 회피하면, 잃어버린 20년을 겪은 일본의 모습과 유사해질 우려가 있는 상황이다.

다섯째, 내수 활성화를 위한 정책을 다각도로 마련해야 하겠다. 먼저 한국경제의 가장 중차대한 문제는 바로 '투자'에 있다. 완화적 통화정책과 확장적인 재정정책이 맞물려서 얼어붙은 기업들의 투자심리가 개선될 수 있도록 해야 한다. 규제 샌드박스와 규제 자유특구의 한계점을 극복할 만한 규제완화 제도를 마련해야 한다. 동시에 정부 정책을 많은 기업들이 인지하고 활용할 수 있도록 적극적인 홍보가 필요하다. 완화된 규제 시스템이 마련되었음에도 불구하고 많은 기업들이 이를 인식하지 못하고 여전히 '규제 탓'을 하는 모습도 나타나기 때문이다.

여섯째, 기업들의 투자심리를 끌어올려야 한다. 최근 다년간 불확실성이 고조되어 왔기 때문에 기업들의 투자 의욕이 위축되고 현금을 사내 유보하는 모습이 나타나고 있다. 낙수효과가 나타나지 않는 몇 가지 요인 중 하나다. 경영 환경의 변화와 대내외 경제 여건의 흐름을 객관적으로 공유하는 플랫폼이 구축되어야 한다. 자체 모니터링 시스템을 보유한 대기업들에게는 상대적으로 덜 중요하겠지만, 중소기업들이 대내외 여건이 어떻게 변화하는지를 정확히 이해할 수 있도록 안내하는 창구와 이벤트 등을 마련해 올바른 현실 경제에 대한 인식을 제고할 수 있도록 해야 한다. 과도한 위기감을 조성하는 주관적 정보나 가짜뉴스들이 기업들의 투자심리를 더욱 위축시키고 있기 때문이다. 투자가 진작될 때 자연스럽게 양질의 일자리가 마련될 것이고, 이는 비로소 소비로 연결되어 경제의 선순환 구조가 조성될 것이다.

일곱째, 기업들은 경기부양책들을 활용하는 사업전략을 강구해야 한다. 한국 정부는 경기부양을 위한 정책에 집중할 것으로 보인다. 통화정책 측면에서는 초저금리를 유지해 기업들이 적극적으로 투자를 단행할 수 있도록 여건을 만들 것이다. 또한 중소기업과 벤처기업을 육성하고, 자영업 경영여건을 개선하는 등 다양한 경기부양책을 이행해 나갈 것이다. 제조업을 활성화하기 위해, 유턴 기업에 대한 지원정책의 실효성을 높이고, 유망산업에 대한 투자를 진흥하기 위해 산업보조금이 투입될 예정이다. 기업들은 이러한 정부의 지원정책을 면밀히 검토하고, 경기부양책을 활용하는 사업전략을 강구해야 한다. 추경 편성과 2020년 정부의 예산을 정밀하게 검토하는 일도 필요하다. 예산안 편성을 기초로 정책 지원이 집중될 분야를 확인하고, 공적자금을 활용한 투자계획을 진행할 필요가 있다.

여덟째. 가계의 투자 관점에서도 인식을 새롭게 할 필요가 있다. 세계와 중국뿐만 아니라, 한국경제가 1분기에 급격히 충격을 받다가, (코로나19 사태 종식 후) 2분기 들어 빠르게 회복하는 'V'자형 그래프를 보일 가능성이 크다. 따라서 공격적 투자 전략을 감행하는 것이 유리하겠다. 신흥국 ETF나 우량주 주식투자도 고려할 수 있다. 중국의 인프라사업에 참여하는 기업들이나 빅데이터 기반의 플랫폼 기업들 등과 같은 종목에도 관심을 가져 볼 수 있겠다. 반대로 WHO가 글로벌 팬데믹 선언을 하거나, 3월 말~4월까지도 국내 코로나19 확진자 수가 늘고, 세계적으로 확산되는 국면으로 상황이 악화할 경우에는 안전자산에 대한 투자 기조를 유지해야 한다. 금, 금펀드, 채권 등과 같은 안전자산에 투자하는 방법을 고려할 수 있다. 질병의 지속기간이 길수록 외국인 투자자는 수익성보다는 안전성에 높은 비중을 둘 것이므로risk-aversion, 한국을 포함한 동아시아 지역에서 외국인 자금의 이탈이 가속화할 가능성이 크기 때문이다.

마지막으로, 바이러스 검역 시스템을 완비해야 한다. 2019년에는 돼지열병으로 고생했다. 2018년에도 조류독감으로 고생했다. 매년 바이러스가 반복되고 있다. 2015년 메르스 사태로 고생한 것도 사실 불과 몇 년 전의 일이다. 아직 끝나지 않았지만 코로나19 사태가 종식되더라도 그 위협과 공포심을 절대 잊지 않아야 한다. 이것이 본서를 집필하게 된 동기 중 하나이기도 하다. 한 번 실수는 있어도 다시 반복해서는 안 되지 않는가? 빅데이터와 인공지능에 기반한 바이러스 탐지, 추적, 분석, 대응책들을 마련하는 플랫폼을 구축하는 데 많은 R&D 예산을 편성하고, 구축된 플랫폼이 세계적으로 범용화될 수 있도록 해야 한다. 이것은 5G를 선도하는 일이기도 하다. 그러기 위해서는 감염 분야 전문 인력과 디지털 혁신인재들을 육성하는 노력도 병행되어야 하겠다.

DOUBLE DIP

부록

주요 투자은행의 세계경제 및 주요국 성장률 전망

- **세계(-0.2%p ↓):** 코로나19의 글로벌 영향은 중국의 회복 여부와 관계없이 2분기까지 지속될 것이며, 글로벌 경제 주요 하방리스크는 중국발 간접영향에서 글로벌 팬데믹 위협으로 이동(JPM)

- **미국(-0.1%p ↓):** 코로나19의 글로벌 영향 확대에 따라 미국 2분기 성장률 하향(JPM). 공급체인 왜곡에 따른 미 생산 영향, 미국 내 소비지출에 직접적 타격 등을 우려(GS)

- **유로존(-0.2%p ↓):** 이탈리아 코로나19 확산(伊 '20.1분기 성장률 전망치 -2.0%, qoq), 중국 성장률 부진 전망 등을 반영해 유로존 '20.1분기 성장률을 하향(JPM)

  - 독일은 對中수출 규모(GDP의 약 3%)가 커 유로존에서 가장 큰 타격을 입는 국가중 하나(Nomura)

- **중국(-0.3%p ↓):** 코로나19의 확산 속도에 비해 생산, 소비 등에 대한 경제적 충격이 기존 예상을 상회, 1분기 성장률을 하향(GS). 후베이성 외 확산 둔화에도 불구, 경제활동 정상화는 초기 단계(BoAML)

  - 일본, 한국 등 중국 외 확진 사례도 증가하면서 정부 통제 조치 확산 및 위험회피 성향 강화, 리스크 확대(GS)

- **일본(-0.5%p ↓):** VAT 인상 이전 밀어내기 효과, 수출 부진 등으로 4분기 성장률(-6.3%, qoq)이 예상치(-3.8%)를 대폭 하회. 소비세 인상 영향, 코로나19 불확실성으로 FY19말까지는 강한 하방압력 지속 전망(Barclays)

  *본 내용은 국제금융센터(2020.3.5.)자료를 기준으로 함

세계경제 성장률 전망

기관명	2020^f	2021^f
Barclays	3.0	3.8
BNP Paribas	-	-
BoA-ML	2.8	-
Citi	3.1	3.6
Goldman Sachs	2.7	3.8
JP Morgan	2.7	3.3
Nomura	3.0	3.4
Societe Generale	2.9	3.4
UBS	2.8	3.7
평균	2.9	3.6

세계경제 성장률 추이

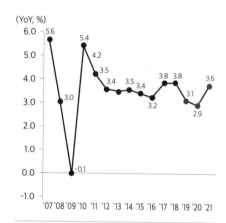

* 전년 대비, 구매력평가(PPP) 기준, 붉은색, 회색은 각각 전월 전망치 대비 상승, 하락을 의미

미국 경제 성장률 전망

	분기별				2020^f	2021^f
	20.1Q	20.2Q	20.3Q	20.4Q		
Barclays	1.5	2.0	2.5	2.0	2.0	2.0
BNP Paribas	-	-	-	-	1.7	2.0
BoA -ML	1.0	1.6	1.6	2.0	1.6	-
Citi	1.4	2.3	2.2	1.9	2.0	1.9
Goldman Sachs	0.9	0	1	2.25	1.3	2.3
JP Morgan	1.0	1.5	1.5	1.8	1.6	1.8
Nomura	1.1	1.6	1.6	1.8	1.7	2.0
Societe Generale	1.1	-0.9	-0.8	1.3	0.7	1.9
UBS	0.4	0.7	2.0	2.4	1.4	2.3
평균	1.1	1.1	1.5	1.9	1.6	2.0

* 분기별 전망은 전기 대비 연율, 연도별 전망은 전년 대비 기준, 붉은색, 회색은 전월 전망치 대비 상승, 하락을 의미

유로존 경제성장률 전망

	분기별				2020^f	2021^f
	20.1Q	20.2Q	20.3Q	20.4Q		
Barclays	-0.6	1.7	1.3	1.2	0.7	1.1
BNP Paribas	-	-	-	-	0.8	1.3
BoA -ML	0.5	0.1	09	1.4	0.6	-
Citi	1.1	1.0	1.3	1.6	1.0	1.4
Goldman Sachs	-0.2	-1.1	1.1	2.4	0.3	1.8
JP Morgan	0.3	2.5	1.5	1.5	1.0	1.6
Nomura	0.6	1.1	1.2	1.2	0.9	1.3
Societe Generale	1.5	1.1	0.2	0.1	0.8	0.6
UBS	0.6	0.8	1.1	1.2	0.8	1.2
평균	0.6	1.2	1.1	1.3	0.8	1.3

* 분기별 전망은 전기 대비 연율, ( )는 전년 대비. 연도별 전망은 전년 대비 기준. 분기별 평균은 전기 대비 연율의
산술평균 집계. 붉은색, 회색은 전월 전망치대비 상승, 하락을 의미

중국 경제성장률 전망

	분기별					
	20.1Q	20.2Q	20.3Q	20.4Q	2020^f	2021^f
Barclays	2.0	3.7	5.9	7.2	4.9	6.9
BNP Paribas	-	-	-	-	5.7	5.8
BoA -ML	-(0.2)	(8.5)	(9.0)	(6.4)	5.2	-
Citi	3.6	4.9	6.1	6.1	5.3	5.7
Goldman Sachs	2.5	5.3	6.9	6.8	5.5	5.8
JP Morgan	-(3.9)	(15.0)	(7.4)	(5.6)	5.2	6.3
Nomura	3.8	6.4	6.1	5.7	5.6	5.6
Societe Generale	4.0	5.9	,5.8	6.0	5.5	6.0
UBS	3.8	5.0	6.1	6.2	5.4	6.0
평균	2.0	6.8	6.7	6.3	5.4	6.0

* 분기별 전망은 전기 대비, ( )는 전년 대비 연율, 연도별 전망은 전년 대비 기준. 분기별 평균은 전년 동기 대비의
산술평균 집계. 붉은색, 회색은 전월 전망치 대비 상승, 하락을 의미

일본 경제성장률 전망

	분기별				2020[f]	2021[f]
	20.1Q	20.2Q	20.3Q	20.4Q		
Barclays	0.3	1.6	2.2	1.3	-0.2	1.1
BNP Paribas	-	-	-	-	0.5	0.7
BoA -ML	-0.8	1.4	2.8	1.7	-0.5	-
Citi	-0.3	1.0	1.3	1.4	0.0	1.2
Goldman Sachs	-2.2	0.8	1.9	1.2	-1.1	1.0
JP Morgan	-0.7	2.7	2.1	0.8	-0.4	0.8
Nomura	1.1	1.8	-0.1	0.7	0.2	0.5
Societe Generale	3.2	2.9	3.3	0.0	0.7	1.4
UBS	-1.0	3.2	1.2	1.2	-0.5	1.2
평균	-0.1	1.9	1.8	1.0	-0.1	1.0

* 분기별 전망은 전기 대비 연율, 연도별 전망은 전년 대비 기준. 붉은색, 회색은 전월 전망치 대비 상승, 하락을 의미

주요 투자은행의 아시아 주요국 경제지표 전망

- 경제성장률 전망치 : 코로나19 여파로 아시아 10 개국 모두 하향조정

  ※ 경제성장률 감소폭은 태국>홍콩>싱가포르 >말레이시아·대만>인도· 베트남 順

- **태국(0.9%p↓):** 코로나19 여파와 가뭄 피해로 민간 소비 위축이 우려. 중국인 관광객(전체 관광객의 30%)이 연간 13.5% 감소(950만 명)할 것으로 예상되는 등 부정적 전망(Citi).

  - 중국 성장률 1%p 둔화시 태국 성장률 0.7%p 둔화(HSBC)

- **홍콩(0.7%p↓):** 시위로 이미 위축된 경제 활동에 코로나19도 가세하여 큰 타격이 예상. 홍콩 정부는 2020년 성장률을 -1.5%~0.5%로 전망하고 HKD 1,200억(GDP의 4.1%)의 부양책 발표. 재정 집행 시기는 아직 불확정적(UBS).

- **싱가포르 (0.6%p↓):** 싱가포르 관광청은 요우커(전체 관광객의 20%) 급감 등으로 2020년 관광객 25~30% 감소 전망(사스 때 19% 감소). 중국 성장률 1%p 둔화시 싱가포르 성장률 0.5%p 둔화 (HSBC)

  * 본 내용은 국제금융센터(2020.3.5.)자료를 기준으로 함

아시아 주요국 지표(9개 투자은행 평균)

구분	경제성장률(Real GDP, %(%p), yoy)				물가(CPI, %, yoy)			경상수지(% of GDP)		
	2019	2020	(전월대비)	2021	2019	2020	2021	2019	2020	2021
한국	2.0	2.0	↓0.2	2.5	0.4	1.1	1.4	3.8	4.2	4.3
대만	2.7	2.2	↓0.5	2.7	0.7	1.1	1.2	11.2	11.4	10.9
홍콩	-1.2	-1.4	↓0.7	2.8	2.9	1.9	2.4	4.4	4.4	4.6
인도	5.2	5.7	↓0.4	6.4	4.1	4.4	4.2	-1.3	-1.5	-1.7
인도네시아	5.0	4.9	↓0.1	5.4	2.9	3.1	3.2	-2.8	-2.7	-2.8
말레이시아	4.3	3.7	↓0.5	5.0	0.7	1.6	1.6	3.4	2.3	2.4
필리핀	5.9	6.2	↓0.1	6.4	2.5	3.1	3.2	-1.4	-2.2	-1.7
싱가포르	0.7	0.6	↓0.6	2.5	0.6	0.7	1.0	17.0	16.5	16.5
태국	2.4	1.6	↓0.9	3.7	0.7	0.7	1.0	6.8	4.8	5.0
베트남	7.0	6.3	↓0.4	6.9	2.8	4.4	3.3	4.5	3.4	0.9

* 주요 9개 해외투자은행(Barclays, BoA-ML, Citi, Credit Suisse, GS, JPM, HSBC, Nomura, UBS) 전망을 집계.
(`20.1월말 기준) 빨간색, 회색은 `19.12월말 대비 상승 및 하락을 표시

각국 경제지표 전망(투자은행별)

한국	경제성장률(Real GDP, %, yoy)			물가(CPI, %, yoy)			경상수지(% of GDP)		
	2019	2020	2021	2019	2020	2021	2019	2020	2021
Barclays	2.0	2.1	2.6	0.4	1.0	1.6	-	-	-
BoA-ML	2.0	1.6	2.0	0.4	1.3	1.3	4.1	5.6	6.0
Citi	2.0	2.0	2.4	0.4	1.0	1.6	3.6	4.6	4.4
Credit Suisse	2.0	1.8	2.5	0.4	1.0	1.4	-	-	-
Goldman Sachs	2.0	1.6	2.4	0.4	0.9	1.6	3.6	3.5	4.2
JP Morgan	2.0	2.0	2.6	0.4	1.1	1.0	3.6	3.3	3.0
HSBC	-	2.2	-	-	-	-	-	-	-
Nomura	2.0	2.1	2.3	0.4	1.3	1.0	3.6	3.7	4.2
UBS	2.0	2.2	3.0	0.3	0.9	1.8	4.4	4.4	4.1
평균	2.0	2.0	2.5	0.4	1.1	1.4	3.8	4.2	4.3

대만	경제성장률(Real GDP, %, yoy)			물가(CPI, %, yoy)			경상수지(% of GDP)		
	2019	2020	2021	2019	2020	2021	2019	2020	2021
Barclays	2.7	2.4	2.5	0.6	1.0	1.4	-	-	-
BoA-ML	2.7	2.2	2.8	0.6	1.1	1.4	10.5	10.8	11.5
Citi	2.7	2.6	2.3	0.6	1.0	1.0	11.8	12.0	9.5
Credit Suisse	2.7	2.0	2.7	0.6	1.2	1.6	-	-	-
Goldman Sachs	2.7	2.3	2.9	0.6	0.8	0.7	10.7	9.7	9.0
JP Morgan	2.7	2.4	2.9	0.6	0.7	1.2	10.4	10.8	10.7
HSBC	-	1.8	-	-	-	-	-	-	-
Nomura	2.7	2.3	2.4	0.6	1.0	1.1	11.8	12.0	11.0
UBS	2.7	2.0	2.8	1.0	1.6	1.2	12.0	13.0	13.5
평균	2.7	2.2	2.7	0.7	1.1	1.2	11.2	11.4	10.9

홍콩	경제성장률(Real GDP, %, yoy)			물가(CPI, %, yoy)			경상수지(% of GDP)		
	2019	2020	2021	2019	2020	2021	2019	2020	2021
Barclays	-1.3	0.0	1.0	2.9	2.3	2.6	-	-	-
BoA-ML	-1.2	-4.0	1.9	2.9	-1.2	1.6	5.6	3.7	3.2
Citi	-1.2	-1.1	1.9	2.9	2.1	2.5	3.5	2.5	3.0
Credit Suisse	-	-	-	-	-	-	-	-	-
Goldman Sachs	-1.2	-1.9	5.5	2.9	3.2	2.3	5.8	7.4	6.6
JP Morgan	-1.2	-1.2	3.7	2.9	2.3	2.4	2.2	4.4	6.4
HSBC	-	-0.9	-	-	-	-	-	-	-
Nomura	-1.2	-0.4	2.1	2.9	2.3	2.3	5.0	4.1	4.0
UBS	-1.3	-1.8	3.5	3.0	2.6	3.0	4.0	4.2	4.3
평균	-1.2	-1.4	2.8	2.9	1.9	2.4	4.4	4.4	4.6

인도*	경제성장률(Real GDP, %, yoy)			물가(CPI, %, yoy)			경상수지(% of GDP)		
	FY19/20	FY20/21	FY21/22	FY19/20	FY20/21	FY21/22	FY19/20	FY20/21	FY21/22
Barclays	4.8	6.5	6.4	3.7	4.7	4.1	-	-	-
BoA-ML	5.1	6.6	7.0	3.9	4.1	4.5	-1.5	-1.6	-2.0
Citi	4.9	5.9	6.4	4.7	4.2	3.9	-1.3	-1.0	-1.0
Credit Suisse	6.8	5.0	6.0	3.4	4.7	4.2	-	-	
Goldman Sachs	5.3	5.5	6.8	3.7	4.5	4.4	-1.3	-1.9	-2.3
JP Morgan	5.0	5.3	5.7	4.8	4.1	3.9	-1.2	-1.4	-1.6
HSBC	-	5.7	-	-	-	-	-	-	-
Nomura	4.9	5.4	6.5	3.7	4.5	3.9	-1.4	-1.7	-2.0
UBS	4.9	5.6	6.5	4.8	4.5	4.4	-1.0	-1.2	-1.4
평균	5.2	5.7	6.4	4.1	4.4	4.2	-1.3	-1.5	-1.7

*주 : 인도의 회계연도는 매년 4.1일부터 이듬해 3.31월까지

인도네시아	경제성장률(Real GDP, %, yoy)			물가(CPI, %, yoy)			경상수지(% of GDP)		
	2019	2020	2021	2019	2020	2021	2019	2020	2021
Barclays	5.0	5.0	5.3	3.0	3.0	3.5	-	-	-
BoA-ML	5.0	4.9	5.3	2.8	2.9	3.2	-2.7	-2.7	-2.5
Citi	5.0	4.9	5.2	2.8	3.1	3.5	-2.7	-2.4	-2.5
Credit Suisse	5.0	5.0	5.3	3.0	3.5	3.5	-	-	
Goldman Sachs	5.0	5.0	5.9	3.0	3.5	2.8	-2.9	-3.3	-3.6
JP Morgan	5.0	5.0	5.0	3.0	2.6	2.4	-2.7	-2.8	-2.9
HSBC	5.0	4.9	5.3	-	-	-	-	-	-
Nomura	5.0	4.9	5.4	2.8	3.4	3.0	-2.8	-2.7	-3.1
UBS	5.0	4.8	5.6	2.8	3.1	3.3	-2.7	-2.5	-2.2
평균	5.0	4.9	5.4	2.9	3.1	3.2	-2.8	-2.7	-2.8

말레이시아	경제성장률(Real GDP, %, yoy)			물가(CPI, %, yoy)			경상수지(% of GDP)		
	2019	2020	2021	2019	2020	2021	2019	2020	2021
Barclays	4.3	3.7	4.9	0.7	1.3	1.0	-	-	-
BoA-ML	4.3	3.8	4.6	0.7	1.3	1.6	3.3	2.7	2.4
Citi	4.4	4.3	4.5	0.7	2.0	2.2	3.5	2.6	2.6
Credit Suisse	4.5	4.3	4.5	0.7	1.9	1.8	-	-	
Goldman Sachs	4.3	2.6	7.1	0.7	1.9	1.4	3.3	1.2	2.1
JP Morgan	4.3	3.4	4.1	0.7	1.2	1.2	3.2	3.1	2.9
HSBC	4.3	4.1	4.4	-	-	-	-	-	-
Nomura	4.4	3.8	4.6	0.7	1.3	1.4	3.6	2.5	2.6
UBS	4.3	3.7	5.9	0.7	2.2	2.3	3.3	1.8	1.8
평균	4.3	3.7	5.0	0.7	1.6	1.6	3.4	2.3	2.4

필리핀	경제성장률(Real GDP, %, yoy)			물가(CPI, %, yoy)			경상수지(% of GDP)		
	2019	2020	2021	2019	2020	2021	2019	2020	2021
Barclays	5.9	6.1	6.5	2.5	3.1	3.5	-	-	-
BoA-ML	5.9	5.9	6.3	2.5	3.6	3.3	-2.1	-2.2	-2.4
Citi	5.9	6.0	6.2	2.5	3.2	2.9	-1.7	-2.0	-2.1
Credit Suisse	5.9	6.2	6.3	2.5	3.0	3.3	-	-	
Goldman Sachs	5.9	6.3	6.5	2.5	3.0	3.3	-2.0	-2.7	-3.7
JP Morgan	5.9	6.2	5.9	2.5	2.8	2.2	-0.3	-0.2	3.8
HSBC	5.9	6.4	6.5	-	-	-	-	-	-
Nomura	5.9	6.4	6.8	2.5	3.1	3.3	-1.2	-3.2	-3.5
UBS	5.9	5.9	6.6	2.5	3.2	3.4	-1.2	-2.7	-2.3
평균	5.9	6.2	6.4	2.5	3.1	3.2	-1.4	-2.2	-1.7

싱가포르	경제성장률(Real GDP, %, yoy)			물가(CPI, %, yoy)			경상수지(% of GDP)		
	2019	2020	2021	2019	2020	2021	2019	2020	2021
Barclays	0.7	-0.4	3.0	0.6	0.5	0.6	-	-	-
BoA-ML	0.7	0.0	2.7	0.6	0.8	1.0	17.2	16.5	17.5
Citi	0.7	1.3	2.0	0.6	1.0	1.3	17.1	18.0	18.0
Credit Suisse	0.7	1.4	2.0	0.6	1.0	1.1	-	-	
Goldman Sachs	0.7	0.9	3.4	0.5	0.7	1.1	17.3	17.1	16.1
JP Morgan	0.7	0.3	1.0	0.6	0.3	0.5	16.7	17.1	18.6
HSBC	0.7	1.1	1.8	-	-	-	-	-	-
Nomura	0.7	0.3	2.5	0.6	0.5	0.8	17.0	15.9	15.9
UBS	0.7	0.3	4.5	0.6	0.7	1.5	16.8	14.5	12.9
평균	0.7	0.6	2.5	0.6	0.7	1.0	17.0	16.5	16.5

태국	경제성장률(Real GDP, %, yoy)			물가(CPI, %, yoy)			경상수지(% of GDP)		
	2019	2020	2021	2019	2020	2021	2019	2020	2021
Barclays	2.4	1.2	3.9	0.7	0.3	0.5	-	-	-
BoA-ML	2.4	1.4	3.5	0.7	0.9	1.1	6.8	5.2	5.0
Citi	2.4	2.2	3.2	0.7	0.8	0.7	6.9	5.2	5.1
Credit Suisse	2.4	2.1	3.3	0.7	1.0	1.1	-	-	
Goldman Sachs	2.4	1.0	5.1	0.7	0.9	1.3	6.8	4.3	3.4
JP Morgan	2.4	0.9	3.4	0.7	0.6	1.6	6.5	6.4	7.1
HSBC	2.4	2.1	3.0	-	-	-	-	-	-
Nomura	2.3	1.9	3.3	0.7	0.7	1.0	6.9	4.4	6.1
UBS	2.4	1.8	5.0	0.7	0.7	1.0	6.9	3.4	3.2
평균	2.4	1.6	3.7	0.7	0.7	1.0	6.8	4.8	5.0

베트남	경제성장률(Real GDP, %, yoy)			물가(CPI, %, yoy)			경상수지(% of GDP)		
	2019	2020	2021	2019	2020	2021	2019	2020	2021
Barclays	–	–	–	–	–	–	–	–	–
BoA–ML	7.0	6.2	7.0	2.8	5.0	3.1	2.5	2.3	2.3
Citi	7.0	6.2	6.7	2.8	3.7	3.5	2.3	1.8	1.7
Credit Suisse	–	–		–	–		–	–	
Goldman Sachs	–	–	–	–	–	–	–	–	–
JP Morgan	–	–		–	–		–	–	
HSBC	7.0	6.4	6.7						
Nomura	–	–	–	–	–	–	–	–	–
UBS	7.0	6.5	7.0	2.8	4.4	3.4	8.7	6.0	-1.2
평균	7.0	6.3	6.9	2.8	4.4	3.3	4.5	3.4	0.9

미주

1   IMF(2020.1), World Economic Outlook update

2   World Bank(2020.1), Global Economic Prospects

3   OECD Economic Outlook, Volume 2019 Issue 2

4   IMF(2019.10), World Economic Outlook ; IMF(2020.1), World Economic Outlook update

5   OECD Data(2020.2), Composit leading indicator(CLI)

6   IMF(2020.2) G20 Surveillance Note

7   국제금융센터(2020.2), 국제금융속보

8   JPMorgan(2020.2), Seoul SEARCH: COVID-19

9   한국은행(2020.2), 경제전망보고서

10   ABC/Reuters (2008. 1. 29.). "Black death 'discriminated' between victims (ABC News in Science)"

11   "Historical Estimates of World Population". Census.gov.

12   Lee and McKibbin(2012), "The impact of SARS" Ross and Song ed, China: New Engine of World Growth

13   KDI 경제정보센터(2015.7)

14   IMF, World Bank, BIS, 중국국가통계국, 국제금융센터

15   WTO Statistical Program

16   FSB(Financial Stability Board), "BigTech in finance : Market developments and potential financial stability implications," 2019.

17   WTO(2019), Global Value Chain Development Report 2019

18   Apple Supplier Responsibility Report 2018

19   IMF(2020.2) G20 Surveillance Note

20   한국은행(2020.2), 통화정책방향, 보도자료

21   관계부처 합동(2020.2), 코로나19 파급영향 최소화와 조기극복을 위한 민생·경제 종합대책

22   관계부처 합동(2020.2), 코로나19 파급영향 최소화와 조기극복을 위한 민생·경제 종합대책

23   IMF(2020.1.), World Economic Outlook update.

24   한국석유공사(2020.2), 코로나19 확산이 세계 석유수요 및 유가에 미치는 영향, 글로벌 석유산업 이슈

25   EIA(2020.2), STEO(Short-Term Energy Outlook)

DOUBLE DIP